Vorwort

»Schriften erkennen« ist als Diplomarbeit von Monika Thomas im Jahr 1981 zum ersten Mal erschienen und hat seither fünf Auflagen erlebt. Damals war Schrift und Typografie kein Thema bei den Grafik-Designern. »Schriften erkennen« war als Grundlage und als Einstieg in die vergessene Landschaft gedacht.

Heute geht jedermann mit Schrift um. Das Interesse ist erheblich gewachsen, die Kenntnisse und die Sicherheit im Umgang mit Schrift sind nicht im gleichen Maße gewachsen.

Dazu kommt, daß in den letzten Jahren eine Vielzahl von neuen Schriften erschienen ist, daß sich die Arbeit an Schriftentwürfen nicht nur technisch in früher unvorstellbarer Weise verändert und erleichtert hat, sondern daß sich auch das konzeptionelle Denken verändert hat: vom künstlerischen Entwurf einer Schrift zum Planen ganzer Schriftsippen.

Deshalb erschien es sinnvoll und notwendig, auf der Basis des Bewährten die Thematik neu zu bedenken und darzustellen. Dies machten sich Gilmar Wendt und Daniel Sauthoff zur Aufgabe, angeregt und mit Rat und Tat unterstützt von Professor Hans Peter Willberg.

»Schriften erkennen« erhebt auch in der neuen, veränderten und erweiterten Fassung nicht den Anspruch einer wissenschaftlichen Arbeit. Die Autoren haben in der Auswahl und der Besprechung der einzelnen Schriften durchaus auch ihre subjektiven Meinungen eingebracht. Sie folgen nach wie vor der DIN-Klassifikation der Schriften, weil diese sich als Kommunikationsbasis bewährt hat, obwohl die Zuordnung vieler Schriften unscharf ist und von verschiedenen Autoren unterschiedlich vorgenommen wird. Gerrit Noordzijs Vorschlag, die Differenzierung der Schriften nach ihrer Stellung in einem imaginären dreidimensionalen Schriftraum vorzunehmen, ist sicher viel intelligenter als die DIN-Klassifikation, aber schwerer zu handhaben.

Das Ziel von »Schriften erkennen« ist es, für die Schriftform zu sensibilisieren, dazu beizutragen, daß man in der Flut der angebotenen Schriften nicht ertrinkt, also ein wenig Ordnung zu schaffen, und durch den Vergleich für die Qualitäten und Wirkungen von Schriften zu sensibilisieren. Das gilt gleichermaßen für Einsteiger (Studenten/Hersteller) als auch für alle PC-User, die täglich bewußt oder unbewußt Schriftentscheidungen treffen und damit geschriebenen Worten über den semantischen Kern hinaus eine inhaltliche Aussage geben.

Inhalt

Kein x für ein u

Es geht hier nicht um x-beliebige u's. Unsere gewohnten Schriften sind alle gleich gut lesbar. Und doch unterscheiden sie sich voneinander, teils mehr, teils weniger stark. Oft wird dieser Unterschied durch scheinbare Kleinigkeiten bestimmt, die man erst bei genauerem Hinsehen bemerkt.

Schauen Sie sich die Buchstaben der einzelnen Worte genau an. Achten Sie darauf, wie sich dicke und dünne Striche zueinander verhalten, ob sie vermittelt oder unvermittelt ineinander übergehen. Achten Sie vor allem auf die Serifen (Füßchen, An- und Abstriche), sie sind unterschiedlich geformt, bei manchen Schriften fehlen sie ganz. Wenn Sie die Unterschiede definiert haben, wählen Sie das zum jeweiligen Wort passende u aus.

Danach skizzieren Sie mit einem weichen Bleistift das u an die entsprechende Stelle des zugehörigen Wortes. Sie werden dabei feststellen, daß das Skizzieren keine großen Schwierigkeiten macht, sobald Sie erst einmal verstanden haben, worauf es ankommt.

Apfelm s

Pfla menm s

Dattelm s

Bananenm s

Mandelm s

Orangenm s

Pampelm s

u u u u u u u u

u u u u u u u

Zusätzlich zu den obigen Schriften und einigen »Blindgängern« hat sich hier das u unserer Textschrift GST-Polo eingeschlichen. Wer findet es? (Auflösung in der Innenseite des Umschlags)

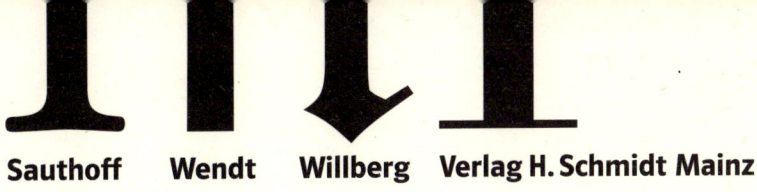

Sauthoff **Wendt** **Willberg** **Verlag H. Schmidt Mainz**

Schriften erkennen

Eine Typologie der Satzschriften
für Studenten, Grafiker, Setzer, Kunsterzieher
und alle PC-User

Die Deutsche Bibliothek –
CIP-Einheitsaufnahme

Sauthoff, Daniel:
Schriften erkennen :
Eine Typologie der Satzschriften
für Studenten, Grafiker, Setzer,
Buchhändler und Kunsterzieher/
Sauthoff; Wendt; Willberg. –
6. Auflage – Mainz : Schmidt, 1997
Frühere Ausg. u. d. T.: Thomas, Monika:
Schriften erkennen
ISBN 3-87439-418-2
NE: Wendt, Gilmar:;
Willberg, Hans Peter:

Impressum:

© Verlag Hermann Schmidt Mainz
Typografie:
Daniel Sauthoff und Gilmar Wendt
Umschlaggestaltung:
Gilmar Wendt
Gesamtherstellung:
Universitätsdruckerei und Verlag
H. Schmidt GmbH, Mainz
Gesetzt aus der GST-Polo 11
sowie allen aufgeführten Schriften.

Satz: Jörg Asselborn, Robert
von Aufschnaiter, Friedrich Forssman,
Karin Guse, Daniel Sauthoff,
Gilmar Wendt
Systeme: Apple Macintosh
(QuarkXPress 3.3.1)
und Berthold Workstation.

6. Auflage 1997

ISBN 3-87439-418-2

Unser Dank geht an Jörg Asselborn,
Robert von Aufschnaiter, Friedrich
Forssman, Karin Guse und Peter Matthias
Noordzij für die Hilfe bei fehlendem Satz.
Für die Überlassung der verschie-
denen Abbildungen bedanken wir uns
bei Adrian Frutiger, Luc(as) de Groot,
Manfred Klein, Gerrit Noordzij, dem
Bruckmann Verlag und der Monotype
Corporation.
Ferner danken wir Bitstream, der
Enschedé Font Foundry, dem Fontshop,
Mac Campus, der Linotype-Hell AG
und Scangraphic für die Unterstützung
bei fehlenden Schriften.
Ganz besonders möchten wir Georg
Salden danken, der uns die GST-Polo zur
Verfügung stellte.

PIETÄT

PIETÄT

PIETÄT

PIETÄT

PIETÄT

PIETÄT

PIETÄT

Pietät

Wer die Wahl hat ...

Die Charaktere der verschiedenen Schriften können nur nach formalen Gesichtspunkten bestimmt werden. Jede Schrift hat auch ihre individuelle Ausstrahlung. Ob diese Ausstrahlung von allen Lesern in der gleichen Weise empfunden wird, ist eine grundsätzliche Frage für alle, die mit Schrift gestaltend umgehen.

Fragen Sie verschiedene Testpersonen, welche der abgebildeten Schriften am besten, einigermaßen oder gar nicht zum Bestattungsinstitut »Pietät« passen.

Die Einheitlichkeit oder Unterschiedlichkeit der Antworten gibt Aufschluß über den Konsens der Empfindung. Eine derartige Fragestellung ist für alle Typografen von entscheidender Bedeutung. Sie müssen bei der Schriftwahl für die Werbung einer Wurstfabrik, einer Boutique, eines Antiquitätengeschäftes oder einer Bank nicht nur ihre eigene subjektive Empfindung, sondern die – in den meisten Fällen unbewußte – Reaktion der typografisch ungeschulten »Normalverbraucher« bedenken.

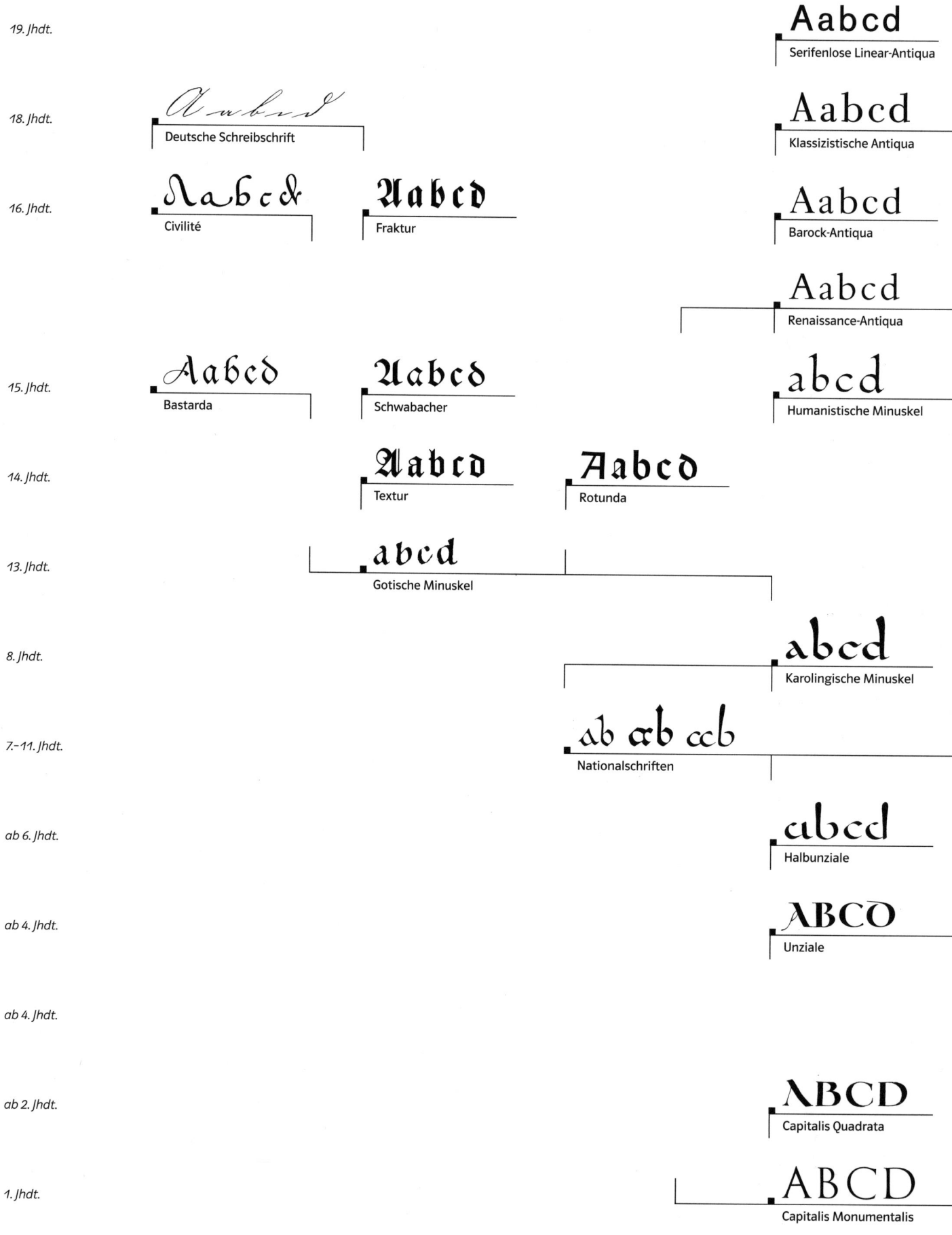

19. Jhdt.	**Aabcd** Serifenlose Linear-Antiqua
18. Jhdt.	*Deutsche Schreibschrift* — Aabcd Klassizistische Antiqua
16. Jhdt.	Civilité — Fraktur — Aabcd Barock-Antiqua
15. Jhdt.	Bastarda — Schwabacher — Aabcd Renaissance-Antiqua — abcd Humanistische Minuskel
14. Jhdt.	Textur — Rotunda
13. Jhdt.	Gotische Minuskel
8. Jhdt.	abcd Karolingische Minuskel
7.–11. Jhdt.	ab œb ccb Nationalschriften
ab 6. Jhdt.	abcd Halbunziale
ab 4. Jhdt.	ABCD Unziale
ab 4. Jhdt.	
ab 2. Jhdt.	ABCD Capitalis Quadrata
1. Jhdt.	ABCD Capitalis Monumentalis

Aabcd
Serifenbetonte Linear-Antiqua

𝒜𝒶𝒷𝒸𝒹
Englische Schreibschrift

Aabcd
Antiqua Kursive

𝒜𝒶𝒷𝒸𝒹
Cancellaresca

Römische Kursive

Rustika

19. Jhdt.

18. Jhdt.

16. Jhdt.

15. Jhdt.

14. Jhdt.

13. Jhdt.

8. Jhdt.

7.–11. Jhdt.

ab 6. Jhdt.

ab 4. Jhdt.

ab 4. Jhdt.

ab 2. Jhdt.

1. Jhdt.

Zur Geschichte der Schrift

Obwohl das Thema dieses Buches keine »Geschichte der Schrift« ist, scheint es sinnvoll zu sein, einen Überblick über die Entstehung der Schriften voranzustellen.

Die meisten vergleichbaren Versuche gehen von einem »Stammbaum« aus; dabei entsteht jedoch leicht der falsche Eindruck, als ob die Schriftentwicklung linear und zwingend folgerichtig vonstatten gegangen sei, als ob eine Schrift an die Stelle der anderen getreten sei, sie abgelöst habe. In Wahrheit sind immer wieder neue Schriften hinzugekommen, während die »alten« Schriften parallel dazu weitergelebt und sich weiterentwickelt haben.

Eine unserer gebräuchlichsten Schriften, die Garamond, ist 400 Jahre alt; in jüngster Zeit, im Grotesk- und Computer-Zeitalter waren ihre Formen Ausgangspunkt für mehrere heutige Renaissance-Antiqua-Schriften. Die Formen der Versalien, der Großbuchstaben, die für praktisch alle Antiqua-Schriften verbindliche Grundlage sind, sind 2000 Jahre alt.

Um die Gleichzeitigkeit durch die Jahrhunderte hin zu zeigen, wurde eine Darstellungsform gewählt, die das Auftreten einer Schrift ablesbar und die formale Entwicklung sichtbar macht.

Die Entstehung unserer Großbuchstaben geht auf die Griechen zurück, die ihrerseits das Alphabet um 900 v. Chr. von den Phöniziern übernahmen. Die Römer übernahmen wiederum das griechische Alphabet. Etwa um 100 v. Chr. hatte sich die gemeißelte Capitalis Monumentalis zur Vollkommenheit entwickelt, eine Versalschrift, die noch heute Grundlage und Vorbild unserer Großbuchstaben ist. Im Unterschied zur griechischen Schrift sind die Balken der Buchstaben nicht gleich breit (linear), sondern sie weisen Strichstärkenunterschiede auf. Außerdem weist die Capitalis Monumentalis Serifen (Füßchen) auf. Ob diese grundlegenden Besonderheiten vom Schreibwerkzeug oder vom Meißeln bestimmt sind, ist Gegenstand kontroverser Lehrmeinungen.

Die Capitalis ist zugleich Ausgangspunkt für die Entwicklung unserer Kleinbuchstaben. Sie wurden durch die Verwendung verschiedener Schreibgeräte, durch immer größere Schreibgeschwindigkeit und durch unterschiedliche Zwecke (von der Inschrift bis zur Notiz) verändert.

Parallel zu dieser Entwicklung verläuft die Entwicklung der eigentlichen Schreibschriften, die in unserem Zusammenhang kaum berücksichtigt werden.

Die Stationen der Entwicklung unserer Kleinbuchstaben sind:

Capitalis Quadrata, Rustika, Unziale, über die Halbunziale zu den Minuskel-(Kleinbuchstaben)Schriften zur karolingischen und humanistischen Minuskel, die die Grundlage unserer heutigen Schriften sind. Die Kombination der Capitalis Monumentalis und der aus der humanistischen Minuskel entstammenden Schriften ergibt unser Zwei-Buchstaben-Alphabet aus Groß- und Kleinbuchstaben. Dieses Alphabet durchläuft eine differenzierte formale Entwicklung, ohne die Substanz aufzugeben (Seite 14–35).

Im ersten Viertel des 19. Jahrhunderts beginnt eine Umformung, die den Kanon der Schriftformen erweitert:

Einerseits eine Verstärkung der Serifen, andererseits deren Wegfall (Seite 36–55).

Parallel zu der skizzierten Entwicklung zu den heute üblichen »lateinischen« Schriftformen (Antiqua) läuft die Entwicklung der »gebrochenen« Schriften, die in Deutschland bis zur Mitte unseres Jahrhunderts neben der Antiqua etabliert waren (Seite 60–63).

Warum hat das kleine t eine so kurze Oberlänge? Warum gibt es verschiedene Formen des W? Warum kann das kleine a so [a] und so [ɑ] aussehen? Darf ein kleines t aussehen wie ein Kreuz? Warum sind kursive Buchstaben oft anders als die geraden? Warum sehen die meisten Schriften einander so ähnlich, daß ein Laie sie kaum unterscheiden kann?

Die Formen unserer Buchstaben sind nicht die Ergebnisse von Überlegungen, Konstruktionen oder Erfindungen, sie sind vielmehr gewachsen. Sie haben sich entwickelt und verändert, durch sich verändernde Schreibwerkzeuge und durch die Schreiber, die sich verändert haben in ihrem veränderten Umfeld; sie wurden ebenso verändert durch den Zweck oder die Art des Schreibens, von der flüchtigen Notiz zum »Schreiben« mit dem Meißel im Stein für die Ewigkeit. Dieser Ursprung und diese Entwicklung bestimmen auch heute die Schriftformen.

| phönizisch ca. 1100 v. Chr. | altgriechisch um 700 v. Chr. | griechisch um 400 v. Chr. | römisch 100 v. Chr. | römisch 100 n. Chr. |

Durch verschiedene Schreibmaterialien und Schreibgeräte und durch steigende Schreibgeschwindigkeit entstanden im Laufe vieler Jahrhunderte aus den geometrischen Formen der römischen Capitalis die Minuskel-Formen, die Grundlage unserer heutigen Druckschriften sind.

W W W W

*Ein W ist kein W.
Im römischen Alphabet existiert es nicht, deshalb ist seine Form nicht so festgelegt wie die anderer Buchstaben. Das W besteht aus zwei zusammengefügten V, diese Zusammenfügung kann auf unterschiedliche Weise erfolgen.*

| 1. Jhdt. v. Chr. | um 900 | um 1000 | um 1400 | um 1590 |

ſt ſi fi ffi ſſ ſh ſt &t

*Ligaturen dienen dem optischen Ausgleich
der Zeile, indem sie »Löcher« verhindern.
Ihre Verwendung ist ein Qualitätsmerkmal.
Lange Zeit schien es, als ob sie der technischen
Entwicklung zum Opfer fallen würden,
heute werden sie erfreulicherweise wieder
bei vielen Schriften angeboten.*

Schrift dient dem Zweck des Lesens,
ob 3000 Jahre lang geschrieben, 500 Jahre
lang in Blei gesetzt oder seit wenigen
Jahrzehnten materiefrei gesetzt. Was
beim Lesen auffällt – sei es durch besondere Schönheit oder besondere Häßlich-
keit – stört. Jedes Ausbrechen aus dem
Formen-Kanon der Satzschriften fällt auf
und stört beim Lesen. Das ist der Grund,
warum die Gebrauchsschriften durch die
Jahrhunderte hin einander so ähnlich sind.

Wenn auf den folgenden Seiten
die DIN-Systematisierung übernommen
und erweitert wird, so geht es nicht um
verbindliche Gesetze, sondern um eine
Orientierungshilfe. Die Klassifizierung ist
ohnehin nicht eindeutig und wird von verschiedenen Schriftherstellern und Kom-
mentatoren unterschiedlich interpretiert.
Kritik und Anregung hinsichtlich der
Zuordnung in diesem Buch sind daher
willkommen.

$$ſ + s = ß \quad ß \quad ß \quad ß \quad ß$$

$$ſ + ʒ = ß \quad //ß \quad ß \quad ß \quad ß$$

$$e + t = \& = \& = \&$$

§ Das Paragraphenzeichen kennzeich-
net die Texte, die sich auf das Normblatt
DIN 16518 stützen.

Das Aldus-Blatt (nach Aldus
Manutius, 1447–1516) steht am Beginn
zusätzlicher Kommentare.

*Das ß wird oft falsch gezeichnet, weil seine
Herkunft nicht verstanden wird:
es ist eine Ligatur, bestehend aus einem langen
und einem runden s, dessen sichtbarer Rest
als z gelesen werden könnte. Daher die Bezeichnung »sz« (richtig ist »scharfes s«).
Beim & verhält es sich ähnlich:
in der am häufigsten gebrauchten Form ist der
Ursprung nicht mehr zu erkennen.*

1655   1830   1900   1929   1934   1959   1966   1985   1995

*»Zeitgeist-Schriften« dienen nicht der
Vermittlung von Inhalten, sondern dem
Schmuck- und Ausdrucksbedürfnis. Das gilt
für Initialen oder Kalligraphien früherer
Jahrtausende und Jahrhunderte bis zum
Spiel mit den Computerdaten heute.*

Schriftfamilienverhältnisse

In der Frühzeit der Satzschriften gab es keine bewußt als Ganzes geplanten Schrift-Familien. Es gab größere und kleinere, geradestehende und kursive Schriften. Wenn eine Drucksache unterschiedliche Schriften brauchte, wurde zusammengesetzt, was vielleicht nicht ganz zusammenpaßte.

Später wurden die geradestehenden Antiqua-Schriften (zu denen auch die Kapitälchen gehören) und die Kursive als Geschwister, die dennoch selbständige Persönlichkeiten sind, geschnitten.

Mit der Werbung kam der Wunsch nach »lauten« Schlagzeilen-Schriften. Auch sie wurden als selbständige Schriften geschnitten und irgendwie mit den Brotschriften zusammengestellt.

Zu Beginn des 20. Jahrhunderts bemühte man sich immer mehr um stilistische Zusammengehörigkeit der den verschiedenen Zwecken dienenden einzelnen Schnitte. Neue Varianten wurden bestehenden Formen so angepaßt, daß man von Schriftfamilien mit mehreren Angehörigen sprechen kann, auch wenn sie nicht als Ganzes geplant waren.

Die Wiederentdeckung der altbewährten historischen Schriften seit dem ersten Drittel unseres Jahrhunderts brachte zugleich deren Erweiterung mit sich. Eine vollständige Schriftfamilie bestand nunmehr in der Regel aus vier Gliedern: der Geradestehenden, den Kapitälchen, der Kursiven und der halbfetten Antiqua. Ihnen wurde immer häufiger eine halbfette Kursive zugesellt.

Die erste von vornherein als große Familie mit mehreren Zweigen geplante und produzierte Schrift ist die Univers von Adrian Frutiger (1957). Sie umfaßt 21 Schnitte, die alle nach einem gemeinsamen Konzept gearbeitet sind. Dieses Konzept wurde zum Vorbild für zahlreiche Schriftfamilien verschiedener Art, die infolge immer differenzierterer Ansprüche und durch die in technischer Hinsicht immer einfachere Herstellung neuer Schriften immer feinere Stufen umfassen.

Bereits in den siebziger Jahren entstand das Bedürfnis, verschiedene Schriftfamilien – etwa eine serifenlose und eine Antiqua-Familie – so aufeinander bezogen zu konzipieren, daß sie bei gemeinsamer Verwendung besser harmonieren als einander »fremde« Schriften. Aus diesem Denkansatz entwickelten sich die heutigen »Schrift-Sippen«.

illa aetas nõ tam maturos

Die geradestehende Antiqua, im angelsächsischen Raum »roman« genannt. Der Ausgangspunkt aller unserer heutigen Leseschriften.

trem patruelem in Britannia

Die Kursive (italic) ist ursprünglich eine eigenständige Schrift mit eigenem Duktus und eigenen Formen vieler Kleinbuchstaben.

Hic est de quo dicebam :
Hic est de quo dicebam:

Im Lauf der Jahrhunderte nehmen die Antiqua und die Kursive immer mehr Bezug aufeinander, sie werden zu Schwestern. Die »Schrift-Kleinfamilie« entsteht.

Mein Buhl gesellt sich immerdar
Mein Buhl gesellt sich immerdar
Mein Buhl gesellt sich immer
Mein Buhl gesellt sich immerdar
Mein Buhl gesellt sich immerdar

Eine vollständige Schriftfamilie bestand lange Zeit aus vier Familienmitgliedern: der Antiqua, der Kursiven, den Kapitälchen und der Halbfetten. In jüngerer Zeit kam die halbfette Kursive dazu.

Adrian Frutiger konzipierte als erster eine einheitliche Schriftfamilie, die aus 21 Mitgliedern besteht; zuvor herrschte bei den Schriftgießereien eher das Kuhstallprinzip: Erweiterungen wurden nach Bedarf und nicht nach Plan vorgenommen.

TheSans Extra Light	TheSerif Extra Light	TheMix Extra Light
TheSans Extra Light Italic	*TheSerif Extra Light Italic*	*TheMix Extra Light Italic*
THESANS EXTRA LIGHT CAPS	THESERIF EXTRA LIGHT CAPS	THEMIX EXTRA LIGHT CAPS
THESANS EXTRA LIGHT CAPS ITALIC	*THESERIF EXTRA LIGHT CAPS ITALIC*	*THEMIX EXTRA LIGHT CAPS ITALIC*
Expert ★ ⁰¹²³₄₅₆₇→℞〰	Expert ★ ⁰¹²³₄₅₆₇→℞〰	Expert ★ ⁰¹²³₄₅₆₇→℞〰
Expert Italic ✳ ⁰¹²³₄₅₆⊅℮〰	*Expert Italic ✳ ⁰¹²³₄₅₆⊅℮〰*	*Expert Italic ✳ ⁰¹²³₄₅₆⊅℮〰*
TheSans Light	TheSerif Light	TheMix Light
TheSans Light Italic	*TheSerif Light Italic*	*TheMix Light Italic*
THESANS LIGHT CAPS	THESERIF LIGHT CAPS	THEMIX LIGHT CAPS
THESANS LIGHT CAPS ITALIC	*THESERIF LIGHT CAPS ITALIC*	*THEMIX LIGHT CAPS ITALIC*
Expert ★ ⁰¹²³₄₅₆₇→℞〰	Expert ★ ⁰¹²³₄₅₆₇→℞〰	Expert ★ ⁰¹²³₄₅₆₇→℞〰
Expert Italic ✳ ⁰¹²³₄₅₆⊅℮〰	*Expert Italic ✳ ⁰¹²³₄₅₆⊅℮〰*	*Expert Italic ✳ ⁰¹²³₄₅₆⊅℮〰*
TheSans Semi Light	TheSerif Semi Light	TheMix Semi Light
TheSans Semi Light Italic	*TheSerif Semi Light Italic*	*TheMix Semi Light Italic*
THESANS SEMI LIGHT CAPS	THESERIF SEMI LIGHT CAPS	THEMIX SEMI LIGHT CAPS
THESANS SEMI LIGHT CAPS ITALIC	*THESERIF SEMI LIGHT CAPS ITALIC*	*THEMIX SEMI LIGHT CAPS ITALIC*
Expert ★ ⁰¹²³₄₅₆₇→℞〰	Expert ★ ⁰¹²³₄₅₆₇→℞〰	Expert ★ ⁰¹²³₄₅₆₇→℞〰
Expert Italic ✳ ⁰¹²³₄₅₆⊅℮〰	*Expert Italic ✳ ⁰¹²³₄₅₆⊅℮〰*	*Expert Italic ✳ ⁰¹²³₄₅₆⊅℮〰*
TheSans Normal	TheSerif Normal	TheMix Normal
TheSans Italic	*TheSerif Italic*	*TheMix Italic*
THESANS CAPS	THESERIF CAPS	THEMIX CAPS
THESANS CAPS ITALIC	*THESERIF CAPS ITALIC*	*THEMIX CAPS ITALIC*
Expert ★ ⁰¹²³₄₅₆₇→℞〰	Expert ★ ⁰¹²³₄₅₆₇→℞〰	Expert ★ ⁰¹²³₄₅₆₇→℞〰
Expert Italic ✳ ⁰¹²³₄₅₆⊅℮〰	*Expert Italic ✳ ⁰¹²³₄₅₆⊅℮〰*	*Expert Italic ✳ ⁰¹²³₄₅₆⊅℮〰*
TheSans Semi Bold	TheSerif Semi Bold	TheMix Semi Bold
TheSans Semi Bold Italic	*TheSerif Semi Bold Italic*	*TheMix Semi Bold Italic*
THESANS SEMI BOLD CAPS	THESERIF SEMI BOLD CAPS	THEMIX SEMI BOLD CAPS
THESANS SEMI BOLD CAPS ITALIC	*THESERIF SEMI BOLD CAPS ITALIC*	*THEMIX SEMI BOLD CAPS ITALIC*
Expert ★ ⁰¹²³₄₅₆₇→℞〰	Expert ★ ⁰¹²³₄₅₆₇→℞〰	Expert ★ ⁰¹²³₄₅₆₇→℞〰
Expert Italic ✳ ⁰¹²³₄₅₆⊅℮〰	*Expert Italic ✳ ⁰¹²³₄₅₆⊅℮〰*	*Expert Italic ✳ ⁰¹²³₄₅₆⊅℮〰*
TheSans Bold	**TheSerif Bold**	**TheMix Bold**
TheSans Bold Italic	***TheSerif Bold Italic***	***TheMix Bold Italic***
THESANS BOLD CAPS	**THESERIF BOLD CAPS**	**THEMIX BOLD CAPS**
THESANS BOLD CAPS ITALIC	***THESERIF BOLD CAPS ITALIC***	***THEMIX BOLD CAPS ITALIC***
Expert ★ ⁰¹²³₄₅₆₇→℞〰	**Expert ★ ⁰¹²³₄₅₆₇→℞〰**	**Expert ★ ⁰¹²³₄₅₆₇→℞〰**
Expert Italic ✳ ⁰¹²³₄₅₆⊅℮〰	***Expert Italic ✳ ⁰¹²³₄₅₆⊅℮〰***	***Expert Italic ✳ ⁰¹²³₄₅₆⊅℮〰***
TheSans Extra Bold	**TheSerif Extra Bold**	**TheMix Extra Bold**
TheSans Extra Bold Italic	***TheSerif Extra Bold Italic***	***TheMix Extra Bold Italic***
THESANS EXTRA BOLD CAPS	**THESERIF EXTRA BOLD CAPS**	**THEMIX EXTRA BOLD CAPS**
THESANS EXTRA BOLD CAPS ITALIC	***THESERIF EXTRA BOLD CAPS ITALIC***	***THEMIX EXTRA BOLD CAPS ITALIC***
Expert ★ ⁰¹²³₄₅₆₇→℞〰	**Expert ★ ⁰¹²³₄₅₆₇→℞〰**	**Expert ★ ⁰¹²³₄₅₆₇→℞〰**
Expert Italic ✳ ⁰¹²³₄₅₆⊅℮〰	***Expert Italic ✳ ⁰¹²³₄₅₆⊅℮〰***	***Expert Italic ✳ ⁰¹²³₄₅₆⊅℮〰***
TheSans Black	**TheSerif Black**	**TheMix Black**
TheSans Black Italic	***TheSerif Black Italic***	***TheMix Black Italic***
THESANS BLACK CAPS	**THESERIF BLACK CAPS**	**THEMIX BLACK CAPS**
THESANS BLACK CAPS ITALIC	***THESERIF BLACK CAPS ITALIC***	***THEMIX BLACK CAPS ITALIC***
Expert ★ ⁰¹²³₄₅₆₇→℞〰	**Expert ★ ⁰¹²³₄₅₆₇→℞〰**	**Expert ★ ⁰¹²³₄₅₆₇→℞〰**
Expert Italic ✳ ⁰¹²³₄₅₆⊅℮〰	***Expert Italic ✳ ⁰¹²³₄₅₆⊅℮〰***	***Expert Italic ✳ ⁰¹²³₄₅₆⊅℮〰***

Die neuesten rechnergesteuerten Programme (z.B. Multiple Master) erlauben nicht nur stufenlose Übergänge von Strichstärken und Buchstabenbreiten innerhalb einer Schrift, sondern auch den stufenlosen Übergang von einem Schriftcharakter in den anderen, z.B. von einer serifenlosen Schrift über eine Schrift mit zarten Serifen bis zu serifenbetonten Formen. Dazu kommt die Möglichkeit, die Fette und die Breite der Buchstaben dem jeweiligen Schriftgrad anzugleichen.

Um dem bei der Verwaltung der Daten einer solchen Variations-Vielfalt zu befürchtenden Chaos entgegenzusteuern, legen andere Schrifthersteller die Interpolationsschritte fest und definieren die zahlreichen Glieder einer Schriftsippe genau. Eine neue Vertreterin dieser Auffassung besteht aus drei Familien (Serifenbetonte, Serifenlose und eine »Mix«) und insgesamt 144 Schriftfonts. Die Sippe wurde 1996 um die Thesis Monospace und Thesis Typewriter erweitert.

Eine Schrift-Sippe (siehe Seite 66) besteht aus mehreren Schriftfamilien, die aufeinander bezogen oder von einem Ausgangspunkt ausgehend gestaltet sind. Das Beispiel der FF Thesis besteht aus drei Familien mit je acht Gliedern, zusammen aus 144 Schnitten.

Die neuen Techniken und Entwurfsprogramme erlauben eine unendliche Variabilität der Abstufung von Breite und Fette und auch fließende Übergänge, z.B. von der Antiqua zur Serifenlosen. Der große Nachteil: die einzelnen Stufen der übergroßen »Schrift-Sippe« sind unüberschaubar und nachträglich nicht mehr definierbar.

Die Kursive

Die Kursive ist ursprünglich keine Variante der geradestehenden Antiqua, sondern eine eigenständige Schriftform, die sich parallel zur Antiqua entwickelt hat. Die Ableitung ihrer Formen von der fließenden Handschrift (currere=Laufen) ist offensichtlich. Erst im 17. Jahrhundert wurden Antiqua und Kursive zusammengeführt und im Laufe der Zeit immer mehr angeglichen. Doch bis heute hat die Kursive innerhalb der Schriftfamilien ihre Eigenart bewahrt, wie der Formvergleich zeigt.

Eine elektronisch schräggestellte Antiqua ist keine Kursive (zur Abschreckung sei hierfür der Begriff »verschieft« vorgeschlagen). Nur wenn der Schriftentwerfer bewußt die Form einer schräggestellten Antiqua gewählt hat, ist das legitim, doch auch dann ist die Verwendung der Originalzeichnung einer nachträglichen elektronischen Schrägstellung vorzuziehen.

Die Kursive wird durch ihre Buchstabenformen, nicht aber durch die Schrägstellung zur Auszeichnungsschrift innerhalb der Antiqua. Es gibt fast senkrecht stehende und extrem schräggestellte, englaufende und weite Kursivschriften.

kafevig
Sabon normal

kafevig
Today normal

kafevig
Sabon kursiv

kafevig
Today kursiv

kafevig
Sabon verschieft

kafevig
Today verschieft

Dies ist ein Blindtext. Er gibt lediglich den Grauwert der Schrift an. Ist das wirklich so? Ist es gleichgültig, ob ich schreibe dies ist ein Blindtext oder Guaredisch nedunfeg? Feguned – mitnichten. Ein Blindtext bietet mir wichtige Informationen. An ihm messe
Sabon kursiv

Dies ist ein Blindtext. Er gibt lediglich den Grauwert der Schrift an. Ist das wirklich so? Ist es gleichgültig, ob ich schreibe dies ist ein Blindtext oder Guaredisch nedunfeg? Feguned – mitnichten. Ein Blindtext bietet mir wichtige Informationen. An ihm messe
Sabon verschieft

Dies ist ein Blindtext. Er gibt lediglich den Grauwert der Schrift an. Ist das wirklich so? Ist es gleichgültig, ob ich schreibe dies ist ein Blindtext oder Guaredisch nedunfeg? Feguned – mitnichten. Ein Blindtext bietet mir wichtige Informationen. An ihm messe ich die Lesbarkeit einer und
Today kursiv

Dies ist ein Blindtext. Er gibt lediglich den Grauwert der Schrift an. Ist das wirklich so? Ist es gleichgültig, ob ich schreibe dies ist ein Blindtext oder Guaredisch nedunfeg? Feguned – mitnichten. Ein Blindtext bietet mir wichtige Informationen. An ihm messe ich die
Today verschieft

kafevigo
Amsterdamer Garamont kursiv

Ursprünglich war die Kursive eine eigenständige Schrift, die sich von der geradestehenden Antiqua nicht nur durch einige besondere Buchstabenformen und durch ihre Schrägstellung unterschied, sondern auch dadurch, daß sie schmaler war.

kafevig
Sabon kursiv

Die Linotype Satztechnik verlangte, daß die kursiven Buchstaben genauso breit wurden wie ihre aufrechten Schwestern. An dieses offene Kursiv-Bild haben wir uns gewöhnt.

kafevigor
Joanna kursiv

Im Gegensatz dazu erscheinen uns die fast senkrecht stehenden, englaufenden Kursivschriften ungewohnt, während sie in England (Joanna) und in Holland (Romanée, Trinité) als völlig normal empfunden werden.

BEGOF

Sabon Versalien

BEGOF

Today Versalien

BEGOFA

Sabon echte Kapitälchen

BEGOFA

Today echte Kapitälchen

BEGOFA

Sabon falsche Kapitälchen

BEGOFA

Today falsche Kapitälchen

DIES IST EIN BLINDTEXT. ER GIBT LEDIGLICH DEN GRAUWERT DER SCHRIFT AN. IST DAS WIRKLICH SO? IST ES GLEICHGÜLTIG, OB ICH SCHREIBE DIES IST EIN BLINDTEXT ODER GUAREDISCH NEDUNFEG? FEGUNED – MITNICHTEN. EIN BLINDTEXT BIETET MIR WICH

Sabon Kapitälchen

DIES IST EIN BLINDTEXT. ER GIBT LEDIGLICH DEN GRAUWERT DER SCHRIFT AN. IST DAS WIRKLICH SO? IST ES GLEICHGÜLTIG, OB ICH SCHREIBE DIES IST EIN BLINDTEXT ODER GUAREDISCH NEDUNFEG? FEGUNED – MITNICHTEN. EIN BLINDTEXT BIETET MIR WICHTIGE IN

Sabon falsche Kapitälchen

DIES IST EIN BLINDTEXT. ER GIBT LEDIGLICH DEN GRAUWERT DER SCHRIFT AN. IST DAS WIRKLICH SO? IST ES GLEICHGÜLTIG, OB ICH SCHREIBE DIES IST EIN BLINDTEXT ODER GUAREDISCH NEDUNFEG? FEGUNED – MITNICHTEN. EIN BLINDTEXT BIETET MIR WICHTIGE INFORMATIONEN. AN IHM MESSE ICH DIE

Today Kapitälchen

DIES IST EIN BLINDTEXT. ER GIBT LEDIGLICH DEN GRAUWERT DER SCHRIFT AN. IST DAS WIRKLICH SO? IST ES GLEICHGÜLTIG, OB ICH SCHREIBE DIES IST EIN BLINDTEXT ODER GUAREDISCH NEDUNFEG? FEGUNED – MITNICHTEN. EIN BLINDTEXT BIETET MIR WICHTIGE INFORMATIONEN. AN IHM MESSE ICH DIE

Today falsche Kapitälchen

0123456789 Rafge

Versalziffern, auch Normalziffern genannt

0123456789 Rafgen

Minuskelziffern, auch Mediäval- oder nautische Ziffern genannt

Kapitälchen und Ziffern

Kapitälchen sind Buchstaben in der Form von Versalien (Großbuchstaben) in der Größe von Kleinbuchstaben. Ihre Strichstärke entspricht der Strichstärke der Kleinbuchstaben. Auf Kapitälchenhöhe verkleinerte Versalien (»falsche Kapitälchen«) werden zu mager, überdies wird der Kontrast der Strichstärken von Großbuchstaben und Kleinbuchstaben zu groß, dadurch wird das Wortbild unruhig. Für Lesetexte sind Kapitälchen nicht geeignet.

Die Serifenlosen Linear-Antiqua-Schriften kannten ursprünglich keine Kapitälchen, erst seit einiger Zeit stehen sie bei immer mehr Schriften zur Verfügung. Kursive Kapitälchen sind bisher nur selten vorhanden, aber als weiteres Differenzierungsmittel willkommen. Kapitälchen werden korrekterweise zusammen mit den Großbuchstaben gesetzt, nur wenn sie als selbständige »kleine Versalien« verstanden werden, können die Versalien entfallen.

Zu jeder Schrift gehören auch die Ziffern, die – anders als die Buchstaben – arabischen Ursprungs sind und sich deshalb dem Duktus des Alphabets nur widerwillig anpassen lassen.

Es gibt einerseits Versalziffern (Normalziffern), die alle die gleiche Höhe haben, andererseits Minuskelziffern (Mediävalziffern), die – wie die Kleinbuchstaben der Schrift – Ober- und Unterlängen haben. Aus Versalziffern gesetzte Zahlen heben sich vom Umfeld deutlicher ab, Zahlen in Mediävalziffern fügen sich besser ins Bild der Leseseite ein. Beides kann erwünscht sein. Deshalb stellen gut ausgebaute Schriften beide Ziffernformen zur Verfügung. Allerdings bieten nur wenige Serifenlose Linear-Antiqua-Schriften Mediävalziffern an.

Versalziffern und Mediävalziffern können als Tabellenziffern zugerichtet sein, d. h.: alle Ziffern stehen bei tabellarischer Anordnung exakt untereinander, die Abstände zwischen den Ziffern innerhalb der Zahlen sind somit ungleichmäßig groß. Innerhalb von Fließtext ergibt das unangenehme Rhythmusstörungen.

Renaissance-Antiqua

Die Venezianische Renaissance-Antiqua ist durch eine elastische, spannungsvolle Leichtigkeit charakterisiert. Diese kann sich sowohl in einem eher unruhigen (z.B. bei der Centaur) wie auch einem gleichmäßigen Grauwert (z.B. Stempel Schneidler) ausdrücken.

§

Die Renaissance-Antiqua-Schriften sind aus der humanistischen Minuskel des 15. Jh. hervorgegangen, die mit der schräg angesetzten Breitfeder im Wechselzug geschrieben wurde. Haar- und Grundstriche sind in der Stärke nicht sehr verschieden. Die Achse der Rundungen ist nach links geneigt.

Die Serifen sind ein wenig ausgerundet. Bei der Gruppe I liegt der Querstrich des Kleinbuchstabens e schräg. Bei der Gruppe II liegt dieser Querstrich in der Regel gerade.

Die Renaissance-Schriften haben bei aller Differenziertheit und Bewegtheit der Einzelformen infolge der relativ wenig unterschiedlichen Strichstärken ein ruhiges, gleichmäßiges Gesamtbild. Durch die prägnante Unterschiedlichkeit der einzelnen Buchstabenformen und die Zeilenführung des Auges (bedingt durch den nach rechts gerichteten Schreibduktus und die Serifen) sind sie besonders gut lesbar. Die Serifen ergeben sich »wie gewachsen« aus der Form der Buchstaben, die Dynamik des Schreibens bleibt auch bei der Satzschrift erhalten.

Die im Paragraphen angesprochene Schrägstellung des Querstriches beim kleinen e ist nicht das einzige und zuverlässige Kennzeichen. Wichtiger ist das anmutige, leichte Gesamtbild. Fettere Schnitte wurden erst in jüngerer Zeit hinzugefügt und passen eigentlich nicht zum Grundcharakter der Venezianischen Renaissance-Antiqua. In dieser Gruppe stehen nur wenige Familien zur Verfügung.

II Französische Renaissance-Antiqua

Die Französische Renaissance-Antiqua ist im Vergleich zu ihrer venezianischen Schwester ruhiger, solider, gleichmässiger. Sie ist in allen ihren unterschiedlichen Ausformungen durch die Jahrhunderte als Leseschrift bewährt. Die diversen Einzelformen der Buchstaben fügen sich immer ins ruhige Gesamtbild ein. Die Schriften dieser Gruppe sind in der Regel in technischer Hinsicht unempfindlicher als die anderen Antiqua-Gruppen.

*Zur Gruppe der **Venezianischen Renaissance-Antiqua**-Schriften gehören unter anderen: Aurelia, ITC Berkeley Old Style, Centaur, Cloister, Deepdene, Donatus, Golden Type, ITC Giovanni, Guardi, Horley Old Style, Jenson, Jersey, Italian Old Style, Kennerly Old Style, ITC Legacy Serif, Seneca, Stempel Schneidler, Trajanus, ITC Weidemann.*

*Zur Gruppe der **Französischen Renaissance-Antiqua**-Schriften gehören unter anderen: Aldus, Apollo, Bembo, Berling, Breughel, Columbus, Comenius, Dante, De Roos, ITC Galliard, ITC Gamma, Garamond, Goudy Old Style, Griffo, Granjon, Hiroshige, Hollander, Lutetia, Meridien, Minion, Palatino, Perpetua, Plantin, Poliphilus, Poppl-Pontifex, Post-Antiqua, FF Quadraat, Quadriga, Remer (& Kadmos), Romanée, Romulus, Ruit, Sabon, ITC Stone Serif, Spectrum, Trinité, Trump-Mediäval, Van Dijck, Veljovic, Vendôme, Weiß-Antiqua, Zapf Renaissance-Antiqua.*

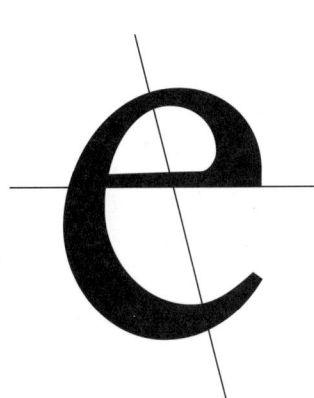

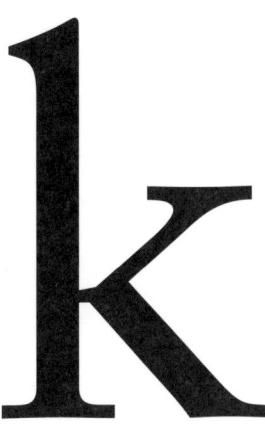

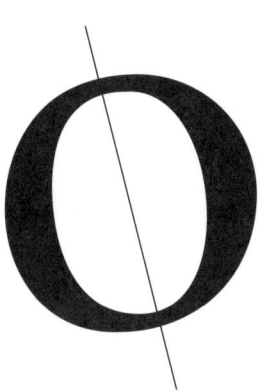

Viele der heute angebotenen Renaissance-Antiqua-Familien sind reich ausgebaut, mit der Kursiven und durch Schnitte verschiedener Fetten. Ohne Kapitälchen und Mediäval-ziffern ist eine »echte« Renaissance-Antiqua-Familie unvollständig. Allerdings sind diese ausgebauten Familien nicht alle in sich harmonisch. Es hat sich als besonders schwierig erwiesen, den historischen normalen Schnitten halbfette oder gar fette Kursiv-Schnitte hinzuzufügen, ohne den ursprünglichen Charakter zu beeinträchtigen.

Die Renaissance-Antiqua steht in zahlreichen Varianten zur Verfügung.

Zum einen sind das möglichst getreue Nachschnitte der Original-Schriften; dabei führte der Zwang zur Anpassung an die jeweilige Satztechnik zu geringen oder erheblichen Veränderungen. Bei der Übernahme dieser Schriften für den Fotosatz stellte sich die Frage, ob man diesem »angepaßten« Schriftbild folgen oder wieder auf die ursprüngliche Form zurückgreifen soll. Die verschiedenen Schrifthersteller haben diese Frage unterschiedlich beantwortet.

Zum anderen wurde versucht, statt der genauen Übernahme einer bestimmten historischen Schrift gewissermaßen deren Idealbild herauszufiltern, wie es etwa Jan Tschichold mit seiner Sabon gemacht hat, oder den Charakter einer Schrift und ihres Umfeldes besser zu verstehen und

wiederzugeben, als es frühere Adaptionen vermocht hätten, wie es Matthew Carter mit der Galliard gelungen ist.

Der dritte Ansatz, aus dem viele unserer Renaissance-Antiqua-Schriften entstanden sind und entstehen, ist die Entwicklung heutiger Schriften aus dem Geist und dem Verständnis der Schriften des 15. und 16. Jahrhunderts. Diese Schriften zeigen meist mehr von der individuellen »Handschrift« ihres Gestalters als die Adaptionen, vor allem aber ermöglicht dieser Ansatz die umfassende Vorausplanung einer größeren Schriftfamilie, die aus harmonischen Gliedern besteht.

Centaur *Bruce Rogers 1914–29*

Die an klassischen venezianischen Vorbildern orientierte Centaur ist eine leichtfüßige, gut lesbare Schrift mit wohlproportionierten, großen Versalien im Gegensatz zur niedrigen n-Höhe. Sie hat interessante Einzelformen, die den Schreibfluß der Feder stark spüren lassen. Diese elastische, zeitlose Schrift ist noch unverbraucht.

Dies ist ein Blindtext. Er gibt lediglich den Grauwert der Schrift an. Ist das wirklich so? Ist es gleichgültig, ob ich schreibe dies ist ein Blindtext oder Guaredisch nedunfeg? Feguned – mitnichten. Ein Blindtext bietet mir wichtige Informationen. An ihm messe ich die Lesbarkeit einer Schrift, ihre Anmutung, wie harmonisch die Figuren zueinander stehen und prüfe, wie breit oder schmal sie läuft. Ein Blindext sollte möglichst viele verschiedene Buchstaben enthalten und in der Originalsprache gesetzt sein. Er muß keinen Sinn ergeben, sollte aber lesbar sein. Fremdsprachige Texte wie Lorem ipsum dienen nicht dem eigentlichen Zweck, da sie eine falsche Anmutung vermitteln. Im Deutschen gibt es mehr Versalien und weniger m, n und

Stempel-Schneidler *Ernst Schneidler 1939*

Die Stempel-Schneidler (geborene Schneidler-Mediäval), hat nur geringe Strichstärken-Unterschiede. Durch weiche, stark ausgekehlte Serifen und das offene Schriftbild entsteht ein lebendiger Gesamteindruck. In Ermangelung einer Original-Kursiven adaptierte man 1982 Schneidlers »Amalthea« und führt heute beide unter obigem Namen.

Dies ist ein Blindtext. Er gibt lediglich den Grauwert der Schrift an. Ist das wirklich so? Ist es gleichgültig, ob ich schreibe dies ist ein Blindtext oder Guaredisch nedunfeg? Feguned – mitnichten. Ein Blindtext bietet mir wichtige Informationen. An ihm messe ich die Lesbarkeit einer Schrift, ihre Anmutung, wie harmonisch die Figuren zueinander stehen und prüfe, wie breit oder schmal sie läuft. Ein Blindtext sollte möglichst viele verschiedene Buchstaben enthalten und in der Originalsprache gesetzt sein. Er muß keinen Sinn ergeben, sollte aber lesbar sein. Fremdsprachige Texte wie Lorem ipsum dienen nicht dem eigentlichen Zweck, da sie eine falsche Anmutung vermitteln. Im Deutschen gibt es

ITC Berkeley Old Style *Tony Stan 1983*

Die Berkeley Old Style ist die Fotosatzfassung der »Californian« aus dem Jahr 1938. Diese stammt von Frederic W. Goudy. Tony Stan überarbeitete diese Schrift mit geringfügigen Änderungen in den Einzelformen. In hiesigen Drucksachen begegnet man dieser leichten Schrift nur selten.

Dies ist ein Blindtext. Er gibt lediglich den Grauwert der Schrift an. Ist das wirklich so? Ist es gleichgültig, ob ich schreibe dies ist ein Blindtext oder Guaredisch nedunfeg? Feguned – mitnichten. Ein Blindtext bietet mir wichtige Informationen. An ihm messe ich die Lesbarkeit einer Schrift, ihre Anmutung, wie harmonisch die Figuren zueinander stehen und prüfe, wie breit oder schmal sie läuft. Ein Blindtext sollte möglichst viele verschiedene Buchstaben enthalten und in der Originalsprache gesetzt sein. Er muß keinen Sinn ergeben, sollte aber lesbar sein. Fremdsprachige Texte wie Lorem ipsum dienen nicht dem eigentlichen Zweck, da sie eine falsche Anmutung vermitteln. Im Deutschen gibt es me hr Ver-

ITC Weidemann *Kurt Weidemann 1983*

Ursprünglich wurde die Weidemann auf den Namen »Biblica« getauft – sie war als möglichst platzsparende Antiqua für eine Neuausgabe der Bibel konzipiert worden. Kurt Weidemann entwickelte eine gut lesbare Werkschrift venezianischen Charakters. Im Formenkanon der Buchstaben spürt man Ernst Schneidlers Stuttgarter Schule.

Dies ist ein Blindtext. Er gibt lediglich den Grauwert der Schrift an. Ist das wirklich so? Ist es gleichgültig, ob ich schreibe dies ist ein Blindtext oder Guaredisch nedunfeg? Feguned – mitnichten. Ein Blindtext bietet mir wichtige Informationen. An ihm messe ich die Lesbarkeit einer Schrift, ihre Anmutung, wie harmonisch die Figuren zueinander stehen und prüfe, wie breit oder schmal sie läuft. Ein Blindtext sollte möglichst viele verschiedene Buchstaben enthalten und in der Originalsprache gesetzt sein. Er muß keinen Sinn ergeben, sollte aber lesbar sein. Fremdsprachige Texte wie Lorem ipsum dienen nicht dem eigentlichen Zweck, da sie eine falsche Anmutung vermitteln. Im Deutschen gibt es mehr Versalien und weniger m, n und u. Bei

Guardi *Reinhard Haus 1986*

Eine moderne Interpretation der Venezianischen Renaissance-Antiqua. Ähnlich der Centaur ist das Schreibwerkzeug Breitfeder deutlich spürbar. In ihren Grund- und Haarstrichen hat die Guardi einen kräftigeren Duktus als die Centaur. Als Werksatzschrift ist auch sie noch unverbraucht.

Dies ist ein Blindtext. Er gibt lediglich den Grauwert der Schrift an. Ist das wirklich so? Ist es gleichgültig, ob ich schreibe dies ist ein Blindtext oder Guaredisch nedunfeg? Feguned – mitnichten. Ein Blindtext bietet mir wichtige Informationen. An ihm messe ich die Lesbarkeit einer Schrift, ihre Anmutung, wie harmonisch die Figuren zueinander stehen und prüfe, wie breit oder schmal sie läuft. Ein Blindtextsollte möglichst viele verschiedene Buchstaben enthalten und in der Originalsprache gesetzt sein. Er muß keinen Sinn ergeben, sollte aber lesbar sein. Fremdsprachige Texte wie Lorem ipsum dienen nicht dem eigentlichen Zweck, da sie eine falsche Anmutung vermitteln. Im Deutschen gibt es mehr Ver-

abcdefghijklmn
opqrstuvwxyzß
ABCDEFGHIJKLM
NOPQRSTUVWXYZ
1234567890
1234567890

a f g G R

weiter Überhang
des Kopfes

Serifen
ausgekehlt,
Serifansatz
unten

flacher Ansatz
des Scheitels

geschwungener, weit
ausgestellter Fuß

gebogenes Fähnchen,
typischer Eingang der
Rundung in den
Abstrich, Knick zur
unteren Schleife

abcdefghijklmn
opqrstuvwxyzß
ABCDEFGHIJKLM
NOPQRSTUVWXYZ
1234567890

a m p E N

»Hohlfüßchen«

nach oben
kürzer werdende
Waagerechte

Abstrich

keine obere Serife

schräge Serife
der Unterlänge

abcdefghijklmn
opqrstuvwxyzß
ABCDEFGHJKLM
NOPQRSTUVWXYZ
1234567890

a g q A K

ungewöhnliches
Fähnchen

Überstehender
Scheitel

Tropfen,
Bauch,
Endstrich

keine linke Serife

abstützender Schenkel,
Fuß ohne linke Serife

abcdefghijklmn
opqrstuvwxyzß
ABCDEFGHIJKLM
NOPQRSTUVWXYZ
1234567890

a i r N T

großer
i-Punkt

mit Serife (im Unter-
schied zur Stempel-
Schneidler)

konische
Serifen

hakenartiger
Abstrich

symmetrischer
Aufbau, flacher
Querbalken

abcdefghijklmn
opqrstuvwxyzß
ABCDEFGHIJKLM
NOPQRSTUVWXYZ
1234567890

a f g A G

flacher Kopf

überstehender
Anstrich

flacher
Scheitel

obere Serife, Querstrich
nicht ausgekehlt, aus-
laufende Rundung

gerades Fähnchen,
Knick zur unteren
Schleife

Bembo *Monotype Corp. 1930*

Die Bembo ist eine der schönsten und
gebrauchstüchtigsten Leseschriften. Sie
trägt den Namen Kardinal Pietro Bembos,
in dessen Veröffentlichung »De Aetna«
sie 1495 zum ersten Mal zum Einsatz kam.
Bei vielen Nachschnitten wurde der aus-
geschwungene Fuß des R gekürzt,
um entstehende Löcher zu vermeiden.
Neuere Nachschnitte beziehen sich
wieder auf die ursprüngliche R-Form.

Dies ist ein Blindtext. Er gibt lediglich den Grauwert der Schrift an. Ist das wirklich so? Ist es gleichgültig, ob ich schreibe dies ist ein Blindtext oder Guaredisch
nedunfeg? Feguned – mitnichten. Ein Blindtext bietet mir wichtige Informationen. An ihm messe ich die Lesbarkeit einer Schrift, ihre Anmutung, wie harmonisch die Figuren zueinander stehen und prüfe, wie breit oder schmal sie läuft.
Ein Blindtext sollte möglichst viele verschiedene Buchstaben enthalten und in
der Originalsprache gesetzt sein. Er muß keinen Sinn ergeben, sollte aber lesbar
sein. Fremdsprachige Texte wie Lorem ipsum dienen nicht dem eigentlichen
Zweck, da sie eine falsche Anmutung vermitteln. Im Deutschen gibt es mehr Ver-

Plantin *Frank Pierpont ca. 1913*

Obwohl sie, leicht zu handhaben und
gut lesbar, eine strapazierfähige Mengensatzschrift ist, findet die Plantin relativ
selten Verwendung. Das macht sie zu einer
echten Alternative für diejenigen, denen
Bembo und Garamond zu geläufig geworden sind. Ihre Gemeinen dienten Stanley
Morison als Vorbilder für die Minuskeln
der Times.

Dies ist ein Blindtext. Er gibt lediglich den Grauwert der Schrift an. Ist das
wirklich so? Ist es gleichgültig, ob ich schreibe dies ist ein Blindtext oder Guaredisch nedunfeg? Feguned – mitnichten. Ein Blindtext bietet mir wichtige Informationen. An ihm messe ich die Lesbarkeit einer Schrift, ihre Anmutung,
wie harmonisch die Figuren zueinander stehen und prüfe, wie breit oder schmal
sie läuft. Ein Blindtext sollte möglichst viele verschiedene Buchstaben enthalten und in der Originalsprache gesetzt sein. Er muß keinen Sinn ergeben, sollte aber lesbar sein. Fremdsprachige Texte wie Lorem ipsum dienen nicht dem
eigentlichen Zweck, da sie eine falsche Anmutung vermitteln. Im Deutschen

Palatino *Hermann Zapf 1950/51*

Die Palatino hat ihren Ursprung im
Schreiben mit der Breitfeder. Ihr starker
Zug nach rechts macht sie gut lesbar.
Achtung: Bleisatz- und Fotosatzversion
weisen z.T. unterschiedliche Formen auf.
Als »kleine Schwester« hat H. Zapf 1954
die Aldus entworfen. Sie läuft schmaler,
sonst weicht sie nur geringfügig von den
Formen der Palatino ab.

Dies ist ein Blindtext. Er gibt lediglich den Grauwert der Schrift an. Ist das wirklich so? Ist es gleichgültig, ob ich schreibe dies ist ein Blindtext oder Guaredisch
nedunfeg? Feguned – mitnichten. Ein Blindtext bietet mir wichtige Informationen. An ihm messe ich die Lesbarkeit einer Schrift, ihre Anmutung, wie harmonisch die Figuren zueinander stehen und prüfe, wie breit oder schmal sie
läuft. Ein Blindtext sollte möglichst viele verschiedene Buchstaben enthalten
und in der Originalsprache gesetzt sein. Er muß keinen Sinn ergeben, sollte aber
lesbar sein. Fremdsprachige Texte wie Lorem ipsum dienen nicht dem eigentlichen Zweck, da sie eine falsche Anmutung vermitteln. Im Deutschen gibt es

Trump-Mediäval *Georg Trump 1954*

Fast zeitgleich zur Palatino entstanden
weist die Trump-Mediäval ähnliche Merkmale (Lesbarkeit, Zug nach rechts) auf,
wirkt aber sehr viel kantiger. Die Serifen
sind deutlich ausgeprägt. Die Palatino
steht der geschriebenen Schrift näher als
die eher »gedachte« Trump-Mediäval.

Dies ist ein Blindtext. Er gibt lediglich den Grauwert der Schrift an. Ist das
wirklich so? Ist es gleichgültig, ob ich schreibe dies ist ein Blindtext oder Guaredisch nedunfeg? Feguned – mitnichten. Ein Blindtext bietet mir wichtige
Informationen. An ihm messe ich die Lesbarkeit einer Schrift, ihre Anmutung, wie harmonisch die Figuren zueinander stehen und prüfe, wie breit oder
schmal sie läuft. Ein Blindtext sollte möglichst viele verschiedene Buchstaben enthalten und in der Originalsprache gesetzt sein. Er muß keinen Sinn
ergeben, sollte aber lesbar sein. Fremdsprachige Texte wie Lorem ipsum dienen nicht dem eigentlichen Zweck ,da sie eine falsche Anmutung vermitteln.

Meridien *Adrian Frutiger 1955/60*

Eine Sonderform der Renaissance-Antiqua
ist die Latin. Sie unterscheidet sich vor
allem durch die keilförmigen Serifen.
Adrian Frutiger, der zu jeder Gruppe eine
eigene Schrift beisteuert, hat mit der
Meridien eine Latin gezeichnet, die ein
ruhiges, bandförmiges Schriftbild hat
und bei ausreichendem Zeilenabstand
gut lesbar ist.

Dies ist ein Blindtext. Er gibt lediglich den Grauwert der Schrift an. Ist das wirklich so? Ist es gleichgültig, ob ich schreibe dies ist ein Blindtext oder Guaredisch
nedunfeg? Feguned – mitnichten. Ein Blindtext bietet mir wichtige Informationen. An ihm messe ich die Lesbarkeit einer Schrift, ihre Anmutung, wie
harmonisch die Figuren zueinander stehen und prüfe, wie breit oder schmal
sie läuft. Ein Blindtext sollte möglichst viele verschiedene Buchstaben enthalten und in der Originalsprache gesetzt sein. Er muß keinen Sinn ergeben, sollte aber lesbar sein. Fremdsprachige Texte wie Lorem ipsum dienen nicht dem
eigentlichen Zweck, da sie eine falsche Anmutung vermitteln. Im Deutschen

abcdefghijklmn
opqrstuvwxyzß
ABCDEFGHIJKLMN
OPQRSTUVWXYZ
1234567890
1234567890

a r s R W

tiefer Ansatz des
»Fähnchens«

auskragender,
geschwungener
Fuß

kleiner, tief
angesetzter
Bauch

ungekehlte
obere Serife,
Kehlung der
unteren Serife

die Serifen der beiden
V-Formen berühren sich

---

abcdefghijklmn
opqrstuvwxyzß
ABCDEFGHIJKLM
NOPQRSTUVWXYZ
1234567890

a g k A M

leicht geschwungenes
Fähnchen, gleich-
mäßige Schlinge

kurzer,
überstehender
Anstrich

nach innen
gezogener
Abstrich

Fuß ohne Serife,
Schenkel berühren
den Schaft nicht

schräg ansetzende
Schenkel, geschwungene
innere V-Figur

---

abcdefghijklmn
opqrstuvwxyzß
ABCDEFGHIJKLM
NOPQRSTUVWXYZ
1234567890
1234567890

a n t R W

ohne linke
Serife

Rundung und
Spielbein berühren
den Schaft nicht

konische Serifen,
tiefe Einmündung
in den Schaft

langer Kopf

keine mittlere Serife

---

abcdefghijklmn
opqrstuvwxyzß
ABCDEFGHIJKLMN
OPQRSTUVWXYZ
1234567890
1234567890

a e k G R

kantige
Endung des
Bogens

große Binnenform,
überstehende Endung

flacher Scheitel
mit Ansatz der
Schreibfeder

Schenkel berühren
nicht den Schaft,
ohne linke Serife

kräftige Serifen,
kantige, schräg aus-
laufende Endung
des Abstriches

---

abcdefghijklmn
opqrstuvwxyzß
ABCDEFGHIJKLM
NOPQRSTUVWXYZ
1234567890

a f r G R

enger Bogen
des Kopfes

spitze Serifen, drei-
eckiger Querbalken

ohne Tropfen,
keilförmige
Serifen

gerade Endung
des Fähnchens

Fuß ist nicht
geschwungen

Goudy Old Style *Frederic W. Goudy 1915*

Er gehört zu den produktivsten Schrift-
entwerfern der USA (er schuf mehr als
100 Schriften, die allerdings nicht alle
hergestellt wurden), die meisten Schrift-
entwürfe schnitt er auch selbst, doch nur
wenige werden heute noch benutzt, in
den 60ern hielt man sie für zu antiquiert.
Seit den 80ern werden sie neu entdeckt.

Dies ist ein Blindtext. Er gibt lediglich den Grauwert der Schrift an. Ist das wirklich so? Ist es gleichgültig, ob ich schreibe dies ist ein Blindtext oder Guaredisch
nedunfeg? Feguned – mitnichten. Ein Blindtext bietet mir wichtige Informationen. An ihm messe ich die Lesbarkeit einer Schrift, ihre Anmutung, wie harmonisch die Figuren zueinander stehen und prüfe, wie breit oder schmal sie läuft. Ein
Blindtext sollte möglichst viele verschiedene Buchstaben enthalten und in der
Originalsprache gesetzt sein. Er muß keinen Sinn ergeben, sollte aber lesbar sein.
Fremdsprachige Texte wie Lorem ipsum dienen nicht dem eigentlichen Zweck,
da sie eine falsche Anmutung vermitteln. Im Deutschen gibt es mehr Versalien

ITC Galliard *Matthew Carter 1978*

Nach dem franz. Volkstanz «La Galliarde»
benannt, ist sie eine breit einsetzbare
Großfamilie mit Sonderzeichen, mathematischen Zeichen und Zierbuchstaben. Den
Schriften Robert Granjons (Zeitgenosse
Garamonds) folgend, ist sie ausgesprochen
gut lesbar und eine echte Alternative zu
»klassischen« Schriften. Charaktervolle
Einzelformen fügen sich zu einem leben-
digen, ausgewogenen Gesamtbild.

Dies ist ein Blindtext. Er gibt lediglich den Grauwert der Schrift an. Ist das wirklich so? Ist es gleichgültig, ob ich schreibe dies ist ein Blindtext oder Guaredisch
nedunfeg? Feguned – mitnichten. Ein Blindtext bietet mir wichtige Informationen. An ihm messe ich die Lesbarkeit einer Schrift, ihre Anmutung, wie harmonisch die Figuren zueinander stehen und prüfe, wie breit oder schmal sie
läuft. Ein Blindtext sollte möglichst viele verschiedene Buchstaben enthalten
und in der Originalsprache gesetzt sein. Er muß keinen Sinn ergeben, sollte aber
lesbar sein. Fremdsprachige Texte wie Lorem ipsum dienen nicht dem eigentlichen Zweck, da sie eine falsche Anmutung vermitteln. Im Deutschen gibt es

Breughel *Adrian Frutiger 1981*

Vorbild dieser Schrift waren die frühen
humanistischen Schriften des 16. Jahrhunderts. Durch den vermittelnden Übergang
der kräftigen, asymmetrischen Serifen in
den auf der linken Seite gekehlten Schaft
und dem geschriebenen Charakter der
Buchstaben, entsteht eine leicht nach
rechts geneigte Lesebewegung. Sie ist
stark zeilenbildend.

Dies ist ein Blindtext. Er gibt lediglich den Grauwert der Schrift an. Ist das
wirklich so? Ist es gleichgültig, ob ich schreibe dies ist ein Blindtext oder Guaredisch nedunfeg? Feguned – mitnichten. Ein Blindtext bietet mir wichtige
Informationen. An ihm messe ich die Lesbarkeit einer Schrift, ihre Anmutung, wie harmonisch die Figuren zueinander stehen und prüfe, wie breit
oder schmal sie läuft. Ein Blindtext sollte möglichst viele verschiedene Buchstaben enthalten und in der Originalsprache gesetzt sein. Er muß keinen
Sinn ergeben, sollte aber lesbar sein. Fremdsprachige Texte wie Lorem
ipsum dienen nicht dem eigentlichen Zweck, da sie eine falsche Anmutung

Hollander *Gerard Unger 1986*

Der Name ist ein Hinweis auf die bewußte
Berufung auf die niederländische Schrift-
tradition des 17. Jahrhunderts. Die Hollander war als Zeitungsschrift gedacht, die
auch bei unzureichenden Druckbedingun-
gen ein gutes Schriftbild erzielt. Sehr präg-
nant sind die kräftigen Serifen, die die
Zeilenbildung verstärken. Eine Schrift
ähnlichen Charakters, ebenfalls von Unger,
ist die 1987 entstandene »Swift«.

Dies ist ein Blindtext. Er gibt lediglich den Grauwert der Schrift an. Ist das
wirklich so? Ist es gleichgültig, ob ich schreibe dies ist ein Blindtext oder
Guaredisch nedunfeg? Feguned — mitnichten. Ein Blindtext bietet mir
wichtige Informationen. An ihm messe ich die Lesbarkeit einer Schrift,
ihre Anmutung, wie harmonisch die Figuren zueinander stehen und prüfe, wie breit oder schmal sie läuft. Ein Blindtext sollte möglichst viele verschiedene Buchstaben enthalten und in der Originalsprache gesetzt sein.
Er muß keinen Sinn ergeben, sollte aber lesbar sein. Fremdsprachige Texte
wie Lorem ipsum dienen nicht dem eigentlichen Zweck, da sie eine falsche

Minion *Robert Slimbach 1990*

Die Minion (»Mignion« bzw. »Korporal«
benennt den 7-Punkt-Schriftgrad) ist
eine der jüngsten Vertreterinnen der an
historische Vorbilder angelehnten Renaissance-Antiqua-Schriften. Sie zeichnet
sich durch einen sehr ausgewogenen,
bewußt zurückhaltenden Schriftcharakter
aus. In der Anwendung als »Multiple
Master Font« ist sie nahezu unendlich
interpolierbar.

Dies ist ein Blindtext. Er gibt lediglich den Grauwert der Schrift an. Ist das wirklich so? Ist es gleichgültig, ob ich schreibe dies ist ein Blindtext oder Guaredisch
nedunfeg? Feguned – mitnichten. Ein Blindtext bietet mir wichtige Informationen. An ihm messe ich die Lesbarkeit einer Schrift, ihre Anmutung, wie harmonisch die Figuren zueinander stehen und prüfe, wie breit oder schmal sie läuft. Ein
Blindtext sollte möglichst viele verschiedene Buchstaben enthalten und in der
Originalsprache gesetzt sein. Er muß keinen Sinn ergeben, sollte aber lesbar sein.
Fremdsprachige Texte wie Lorem ipsum dienen nicht dem eigentlichen Zweck,
da sie eine falsche Anmutung vermitteln. Im Deutschen gibt es mehr Versalien

abcdefghijklmn
opqrstuvwxyzß
ABCDEFGHIJKLM
NOPQRSTUVWXYZ
1234567890
1234567890

g i k E G

rauten-
förmiger
i-Punkt

weicher Über-
gang zur »Serife«

hornartiges
Fähnchen

Fuß links
ohne Serife

große Punze, hohe
abschließende Senkrechte,
leichte Kehlung des Fußes

---

abcdefghijklmn
opqrstuvwxyzß
ABCDEFGHIJKLM
NOPQRSTUVWXYZ
1234567890

a f k G R

überhängender
Kopf, spitz ein-
laufender Balken

überstehende
Endung

kalligraphisch
geprägte
Gesamtformen

ausschwingender
Schenkel

»fließendes«
Spielbein

---

abcdefghijklmn
opqrstuvwxyzß
ABCDEFGHIJKLM
NOPQRSTUVWXYZ
1234567890
1234567890

a b n M W

ohne Fußserife

schrägstehender
gekehlter Schaft,
gekehlte innere
V-Form

kein Tropfen,
abgeschrägte
Serife

asymmetrische,
rechtsgerichtete,
kräftige Serifen

mit Mittelserife

---

abcdefghijklmn
opqrstuvwxyzß
ABCDEFGHIJKLM
NOPQRSTUVWXYZ
1234567890
1234567890

a g m G K

dreieckiges
Fähnchen

ungekehlte Serife,
dreieckiger
Querbalken

tiefangesetzter
Bauch, kräftige
Grundstriche

flache schmale Bogen-
rundungen, kräftige
konische Serifen

Schenkel und Schaft
sind nicht verbunden,
ohne linke Fußserife

---

abcdefghijklmn
opqrstuvwxyzß
ABCDEFGHIJKLM
NOPQRSTUVWXYZ
1234567890
1234567890

a j t Q R

abschließender
Tropfen

nach innen über-
stehender Balken

harmonischer
Übergang
zum Tropfen

gedachte
dreieckige
Kopf-Form

Fuß ist leicht
geschwungen

Ist die Garamond die Garamond?

Der Name einer Schrift sagt nicht unbedingt Verbindliches über ihre Form aus. Schriften gleichen Namens sind manchmal nicht die gleichen Schriften. Viele unserer klassischen Schriften sind nachträglich überarbeitete Schnitte, die ihre Vorbilder aus verschiedenen Gründen mehr oder weniger stark verändern. Jeder Nachschnitt bedeutet eine Veränderung, teils aus subjektiven Gründen – der heutige Schriftkünstler ist Interpret seines Vorbildes, und Interpretation bedeutet immer Veränderung –, teils aus technischen Gründen, bedingt durch die verschiedenen Blei-Setzmaschinen-Techniken (wie fixierte Buchstabenbreite und Abstand der einzelnen Buchstaben voneinander oder die Vermeidung von »Überhängen«, z.B. beim f), von sonstigen satztechnischen Bedingungen (wie die »Deutsche Normalschriftlinie«, die durch den Zwang, alle Schriften auf eine Linie stellen zu können, zu einer Amputation der Ober- und Unterlängen führte), durch drucktechnische Forderungen (wie dem Ruf nach möglichst großen »Punzen«, den eingeschlossenen Formen innerhalb der Buchstaben, z.B. beim kleinen e) oder der Digitalisierung im Lichtsatz, bei der jede Schräge oder Rundung eines Buchstabens in eine Treppe zerlegt wurde. Das gilt für alle Überarbeitungen klassischer Schriften. Bei der Garamond ist die Sache noch komplizierter. Denn die Schriften namens Garamond oder Garamont beziehen sich auf verschiedene Schriften; auf Schriften von Claude Garamond (1480–1561) einerseits und auf eine 1621 entstandene Schrift von Jean Jannon, einem Nachfolger Garamonds, andererseits. Dessen Schrift wurde auf der Pariser Weltausstellung von 1900 als »Original-Garamond« vorgestellt und daraufhin von mehreren Schriftgießereien nachgeahmt.

Original Garamond Antiqua 1544

Original Jannon Antiqua 1621

Stempel Garamond *D. Stempel AG 1925*

Die vom Hersteller so bezeichnete »Original«-Garamond (die natürlich ein überarbeiteter Nachschnitt einer Schrift Garamonds ist) ist in Deutschland der Klassiker und zugleich der Vergleichsmaßstab für alle Leseschriften. Diesem Schnitt ebenbürtig sind u.a. die Adobe Garamond oder die Berthold Garamond.

Amsterdamer Garamont *Benton/Cleland 1917*

Die nervösere, lebendigere und typographisch etwas empfindlichere Garamond-Vertreterin, die von der Version Jannons abstammt. Ihr eng verwandt ist die Monotype-Garamond.

Sabon *Jan Tschichold 1967*

Tschichold versuchte mit der Sabon (Jakob Sabon war ein Schriftschneider des 16. Jahrhunderts), die aus seiner Sicht ideale Renaissance-Antiqua zu schaffen, und zwar identisch für Handsatz, Zeilen- und Einzelbuchstabenguß. Der halbfette Schnitt ist eigentlich für aktive Auszeichnungen zu zurückhaltend. Sie ist eng an die Formen der Garamond-Schriften angelehnt.

ITC Garamond *Tony Stan 1954*

Die Buchstabenformen weisen eine gewisse Verwandtschaft mit den Schriften Garamonds auf; die ebenso wichtigen und typischen Proportionen jedoch ganz und gar nicht: die übermäßig vergrößerten Mittellängen haben nichts mit den »menschlichen« Proportionen der Renaissance-Schriften zu tun. Insofern trägt diese Schrift ihren Namen zu Unrecht. Für Lesetexte nur mit Einschränkung geeignet.

Garamond Original

Stempel Garamond

abcdefghijklmn
opqrstuvwxyzß
ABCDEFGHIJKLM
NOPQRSTUVWXYZ
1234567890
1234567890

Dies ist ein Blindtext. Er gibt lediglich den Grauwert der Schrift an. Ist das wirklich so? Ist es gleichgültig, ob ich schreibe dies ist ein Blindtext oder Guaredisch nedunfeg? Feguned – mitnichten. Ein Blindtext bietet mir wichtige Informationen. An ihm messe ich die Lesbarkeit einer Schrift, ihre Anmutung, wie harmonisch die Figuren zueinander stehen und prüfe, wie breit oder schmal sie läuft. Ein Blindtext sollte möglichst viele verschiedene Buchstaben enthalten und in der Originalsprache gesetzt sein. Er muß keinen Sinn ergeben, sollte aber lesbar sein. Fremdsprachige Texte wie Lorem ipsum dienen nicht dem eigentlichen Zweck, da sie eine falsche Anmutung vermitteln. Im

abcdefghijklmn
opqrstuvwxyzß
ABCDEFGHIJKLM
NOPQRSTUVWXYZ
1234567890
1234567890

Dies ist ein Blindtext. Er gibt lediglich den Grauwert der Schrift an. Ist das wirklich so? Ist es gleichgültig, ob ich schreibe dies ist ein Blindtext oder Guaredisch nedunfeg? Feguned – mitnichten. Ein Blindtext bietet mir wichtige Informationen. An ihm messe ich die Lesbarkeit einer Schrift, ihre Anmutung, wie harmonisch die Figuren zueinander stehen und prüfe, wie breit oder schmal sie läuft. Ein Blindtext sollte möglichst viele verschiedene Buchstaben enthalten und in der Originalsprache gesetzt sein. Er muß keinen Sinn ergeben, sollte aber lesbar sein. Fremdsprachige Texte wie Lorem ipsum dienen nicht dem eigentlichen Zweck, da sie eine falsche Anmutung vermitteln. Im

abcdefghijklmn
opqrstuvwxyzß
ABCDEFGHIJKLM
NOPQRSTUVWXYZ
1234567890
1234567890

Dies ist ein Blindtext. Er gibt lediglich den Grauwert der Schrift an. Ist das wirklich so? Ist es gleichgültig, ob ich schreibe dies ist ein Blindtext oder Guaredisch nedunfeg? Feguned – mitnichten. Ein Blindtext bietet mir wichtige Informationen. An ihm messe ich die Lesbarkeit einer Schrift, ihre Anmutung, wie harmonisch die Figuren zueinander stehen und prüfe, wie breit oder schmal sie läuft. Ein Blindtext sollte möglichst viele verschiedene Buchstaben enthalten und in der Originalsprache gesetzt sein. Er muß keinen Sinn ergeben, sollte aber lesbar sein. Fremdsprachige Texte wie Lorem ipsum dienen nicht dem eigentlichen Zweck, da sie eine falsche Anmutung vermitteln. Im

abcdefghijklmn
opqrstuvwxyzß
ABCDEFGHIJKLM
NOPQRSTUVWXYZ
1234567890

Dies ist ein Blindtext. Er gibt lediglich den Grauwert der Schrift an. Ist das wirklich so? Ist es gleichgültig, ob ich schreibe dies ist ein Blindtext oder Guaredisch nedunfeg? Feguned – mitnichten. Ein Blindtext bietet mir wichtige Informationen. An ihm messe ich die Lesbarkeit einer Schrift, ihre Anmutung, wie harmonisch die Figuren zueinander stehen und prüfe, wie breit oder schmal sie läuft. Ein Blindtext sollte möglichst viele verschiedene Buchstaben enthalten und in der Originalsprache gesetzt sein. Er muß keinen Sinn ergeben, sollte aber lesbar sein. Fremdsprachige Texte wie Lorem ipsum dienen nicht dem eigentlichen Zweck,

Tag
Sabon

Tag
Berthold
Garamond

Tag
Jannon-
Original

Tag
Amsterdamer
Garamont

Tag
Adobe
Garamond

Tag
ITC Garamond

III Barock-Antiqua

Es ist kaum möglich, für die Barock-Antiqua-Schriften einen spezifischen Formenkanon herauszuschälen, dessen Merkmale sie eindeutig definierbar machten. Es ist ohnehin wichtiger, Schriften als Ganzes zu erleben und zu erkennen, als einzelne typische Buchstaben zu erlernen.

§

Die Barock-Antiqua steht unter dem Einfluß der Kupferstecher-Schriften. Sie weist größere Unterschiede in der Strichstärke auf. Die Achsen der Rundungen stehen fast senkrecht. Die Serifen sind wenig oder fast gar nicht ausgerundet.

In der Regel sind die Serifen der Kleinbuchstaben oben schräg, unten aber gerade angesetzt.

Wie man die Formen der Renaissance-Antiqua auf das Schreiben mit der Bandzugfeder zurückführen kann, so kann man auch die Formenvielfalt der Barock-Antiqua auf den virtuosen, spielerischen Umgang mit der Breitfeder, die gedreht, verkantet und auf die Spitze gestellt wird, zurückführen. Das ist wichtiger für das Formverständnis als der Hinweis auf die Kupferstecher-Schriften, die ja ihrerseits geschriebene Schrift nachahmen sollten.

Der früher übliche Begriff »Übergangs-Antiqua« beschreibt ihren Charakter einleuchtender als die Bezeichnung aus der Kunstgeschichte, zumal uns die üppige Ornamentik mancher Renaissance-Initialen »barocker« anmuten mag als die angeblich barocken Schriften. Das ist ein Beispiel dafür, daß der beliebte Vergleich der verschiedenen Kunstformen nicht immer berechtigt ist. Die Formentwicklung der Schrift spiegelt nicht notwendig zeitgleich die Entwicklung der Architektur, Malerei oder gar der Musik. Die Schriften des Barock-Zeitalters sind wesentlich nüchterner als die berühmte Barock-Architektur. Ihre Formvielfalt reicht dabei von warmem, individuellem Ausdruck bis zur kühlen Funktionsgerechtigkeit.

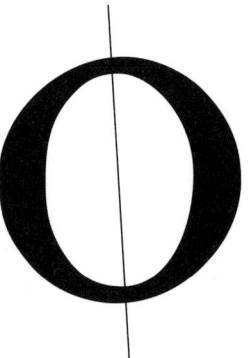

»Die Achse der Rundungen steht fast senkrecht«, heißt es in der Formulierung der DIN-Norm. Das gilt zwar für das kleine o aller Barock-Antiqua-Schriften, aber durchaus nicht für alle kleinen e. Dessen Achse ist z. B. bei der Caslon oder gar bei der Times ausgesprochen schräggestellt, im Gegensatz zur Baskerville. Für alle Barock-Antiqua-Schriften ist allerdings der größere Kontrast von Grund- und Haarstrichen kennzeichnend, wie auch die gegenüber der Renaissance-Antiqua feinere und spitzere Ausformung der Serifen. Die Buchstaben scheinen das Bedürfnis zu haben, sich in sich selbst zu schließen, statt mit dem Nachbarn sich zum Wortbild und zur Zeile zu fügen, wenngleich das noch lange nicht so ausgeprägt ist, wie bei der klassizistischen Antiqua.

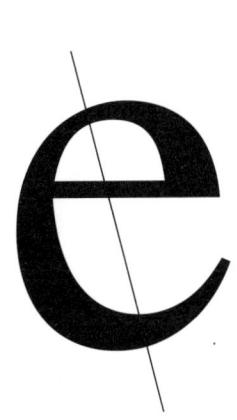

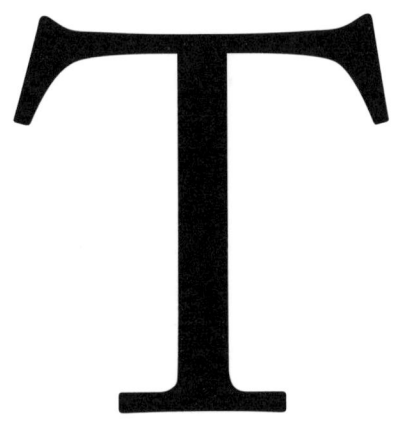

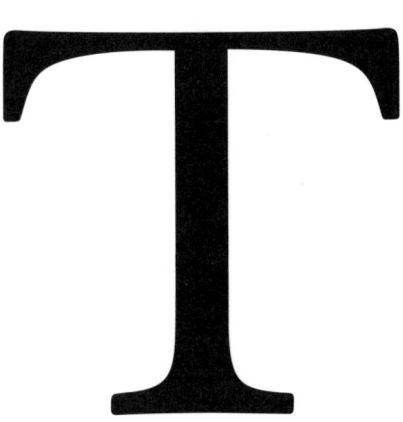

Der Rhythmus einer Barock-Antiqua-Seite ist von Schrift zu Schrift wesentlich unterschiedlicher als der von Renaissance-Antiqua-Seiten. Er kann von der reizvollen Nervosität der Janson (in ihrem Original-Schnitt) über die standfeste Bürgerlichkeit der Caslon zur feinen Klarheit der Baskerville, zur Stabilität der Times oder gar der unverwüstlichen Concorde reichen.

Der Übergang von der späten Renaissance-Antiqua zur Barock-Antiqua ist fließend. Der Engländer William Caslon schnitt seine Schriften in bewußter Anlehnung an die Schriften des Holländers Van Dijck. Die »Van Dijck« können wir noch als Spätform der Renaissance-Antiqua empfinden, die Caslon hingegen als typische Barock-Antiqua.

Die Abkehr von der »natürlichen« Schreibform zeigt sich z.B. in den Serifen des großen T, die man nur durch kunstvolles Drehen der Schreibfeder erzeugen konnte. Das gilt ebenso für den »Tropfen« des kleinen g wie für andere Details.

Der Übergang von der Barock-Antiqua zur klassizistischen Antiqua wird an der Baskerville erkennbar, die von manchen Schriftkennern als die typisch englische Form der klassizistischen Antiqua bezeichnet wird (gegenüber der französischen rational kompromißlosen Form). Diese Spätform der Barock-Antiqua ist bei aller sensiblen Leichtigkeit klar und nüchtern, somit ist sie vielleicht das Vorbild (nicht formal, sondern atmosphärisch gesehen) der modernen Barock-Antiqua-Schriften des zwanzigsten Jahrhunderts.

Caslon 540 *William Caslon 1725 / ATF 1902*

Die Caslon hat eine große Geschichte. Sie ist die erste eigentlich englische Antiqua und diente lange Zeit als Schrift des Königs. Auch die amerikanische Unabhängigkeitserklärung wurde aus ihr gesetzt. Über die Jahrhunderte hin hat es viele Nachschnitte gegeben, so daß gilt: jede Caslon ist anders. Caslon 471 und 540 beanspruchen aber für sich, dem Original am ähnlichsten zu sein.

Dies ist ein Blindtext. Er gibt lediglich den Grauwert der Schrift an. Ist das wirklich so? Ist es gleichgültig, ob ich schreibe dies ist ein Blindtext oder Guaredisch nedunfeg? Feguned – mitnichten. Ein Blindtext bietet mir wichtige Informationen. An ihm messe ich die Lesbarkeit einer Schrift, ihre Anmutung, wie harmonisch die Figuren zueinander stehen und prüfe, wie breit oder schmal sie läuft. Ein Blindtext sollte möglichst viele verschiedene Buchstaben enthalten und in der Originalsprache gesetzt sein. Er muß keinen Sinn ergeben, sollte aber lesbar sein. Fremdsprachige Texte wie Lorem ipsum dienen nicht dem eigentlichen Zweck, da sie eine falsche Anmutung vermitteln. Im Deutschen gibt es mehr

Baskerville *John Baskerville 1768*

Eine echte Übergangsantiqua. Sie wird auch als die englische Form einer klassizistischen Antiqua bezeichnet. Die Baskerville gehört zum Repertoire jeder guten Setzerei und ist vielseitig verwendbar. Auf hochweißem Papier besteht die Gefahr der Überstrahlung. Achtung: die Formenmerkmale schwanken von Hersteller zu Hersteller!

Dies ist ein Blindtext. Er gibt lediglich den Grauwert der Schrift an. Ist das wirklich so? Ist es gleichgültig, ob ich schreibe dies ist ein Blindtext oder Guaredisch nedunfeg? Feguned – mitnichten. Ein Blindtext bietet mir wichtige Informationen. An ihm messe ich die Lesbarkeit einer Schrift, ihre Anmutung, wie harmonisch die Figuren zueinander stehen und prüfe, wie breit oder schmal sie läuft. Ein Blindtext sollte möglichst viele verschiedene Buchstaben enthalten und in der Originalsprache gesetzt sein. Er muß keinen Sinn ergeben, sollte aber lesbar sein. Fremdsprachige Texte wie Lorem ipsum dienen nicht dem eigentlichen Zweck, da sie eine falsche Anmutung vermitteln. Im Deutschen gibt es mehr Versalien und

Original Janson *Nicolaus Kisz 1690*

Die Janson ist ein Original, von Kennern und Könnern hochgeschätzt. Sensibel und etwas feiner als die Caslon sollte man sie behutsam behandeln, einige Versionen vertragen kein hochweißes Papier. Für den Foto-Mengensatz wurden Versionen mit geringerem Strichstärkenkontrast gezeichnet.

Dies ist ein Blindtext. Er gibt lediglich den Grauwert der Schrift an. Ist das wirklich so? Ist es gleichgültig, ob ich schreibe dies ist ein Blindtext oder Guaredisch nedunfeg? Feguned – mitnichten. Ein Blindtext bietet mir wichtige Informationen. An ihm messe ich die Lesbarkeit einer Schrift, ihre Anmutung, wie harmonisch die Figuren zueinander stehen und prüfe, wie breit oder schmal sie läuft. Ein Blindtext sollte möglichst viele verschiedene Buchstaben enthalten und in der Originalsprache gesetzt sein. Er muß keinen Sinn ergeben, sollte aber lesbar sein. Fremdsprachige Texte wie Lorem ipsum dienen nicht dem eigentlichen Zweck, da sie eine falsche Anmutung vermitteln. Im Deutschen gibt es mehr Versalien und weniger m, n und u. Bei aller

Times *Stanley Morrison 1932*

Unter Berücksichtigung aller technischen Anforderungen beim Zeitungsdruck ist die Times entstanden. Die Figuren orientieren sich z.T. an der Plantin, sind aber eigene Formen geworden. Für ein halbes Jahrhundert brachte sie der Monotype volle Kassen und ist auch heute noch überall bekannt und geläufig. Die verschiedenen Versionen sind von sehr unterschiedlicher Qualität.

Dies ist ein Blindtext. Er gibt lediglich den Grauwert der Schrift an. Ist das wirklich so? Ist es gleichgültig, ob ich schreibe dies ist ein Blindtext oder Guaredisch nedunfeg? Feguned – mitnichten. Ein Blindtext bietet mir wichtige Informationen. An ihm messe ich die Lesbarkeit einer Schrift, ihre Anmutung, wie harmonisch die Figuren zueinander stehen und prüfe, wie breit oder schmal sie läuft. Ein Blindtext sollte möglichst viele verschiedene Buchstaben enthalten und in der Originalsprache gesetzt sein. Er muß keinen Sinn ergeben, sollte aber lesbar sein. Fremdsprachige Texte wie Lorem ipsum dienen nicht dem eigentlichen Zweck, da sie eine falsche Anmutung vermitteln. Im Deutschen gibt es mehr Versalien und weniger m,

Concorde *Günther Gerhard Lange 1969*

Die Concorde ist als Antwort auf die Times entstanden. Sie übernimmt viele ihrer Vorzüge, ist aber dank kräftigerer Serifen und weniger starkem Dick-Dünn noch strapazierfähiger und vor allem im Offset leichter zu drucken. Wer sich an der Times sattgesehen hat, findet hier eine brauchbare Alternative.

Dies ist ein Blindtext. Er gibt lediglich den Grauwert der Schrift an. Ist das wirklich so? Ist es gleichgültig, ob ich schreibe dies ist ein Blindtext oder Guaredisch nedunfeg? Feguned – mitnichten. Ein Blindtext bietet mir wichtige Informationen. An ihm messe ich die Lesbarkeit einer Schrift, ihre Anmutung, wie harmonisch die Figuren zueinander stehen und prüfe, wie breit oder schmal sie läuft. Ein Blindtext sollte möglichst viele verschiedene Buchstaben enthalten und in der Originalsprache gesetzt sein. Er muß keinen Sinn ergeben, sollte aber lesbar sein. Fremdsprachige Texte wie Lorem ipsum dienen nicht dem eigentlichen Zweck, da sie eine falsche Anmutung vermitteln. Im Deutschen gibt es me

abcdefghijklmn
opqrstuvwxyzß
ABCDEFGHIJKLM
NOPQRSTUVWXYZ
1234567890
1234567890

*Rundungsachse
geht nach rechts,
dünne untere
Schleife*

*überstehender,
ausgekehlter
Scheitel*

a g n A R

*schmale
Gesamtform,
Ansatz des
Bauches hoch*

*dreieckiger
Anstrich*

*große Rundung,
leicht nach innen
geschwungener
Fuß*

abcdefghijklmn
opqrstuvwxyzß
ABCDEFGHIJKLM
NOPQRSTUVWXYZ
1234567890

*offene,
schwunghafte
Schleifenform*

*Serife mit Kante,
Schaft unten
gekehlt*

a g k G R

*flache Rundung,
offene Form mit
schrägem Bauch*

*weit abgespreizter
Fuß ohne linke Serife*

*Ansatz des Fußes
nahe am Balken*

abcdefghijklmn
opqrstuvwxyzß
ABCDEFGHIJKLM
NOPQRSTUVWXYZ
1234567890
1234567890

*scheinbar rechts-
geneigte Figur,
ungewöhnliche
Schlinge*

*schräg ansetzende
Serife, Fußansatz am
Schaft*

a g k G S

*flacher Scheitel
mit Federansatz,
ausgeprägte
Tropfenform*

*ein Steg verbindet
Schenkel und Schaft*

*oben schräge und
gekantete Serife,
unten glatte Serife*

abcdefghijklmn
opqrstuvwxyzß
ABCDEFGHIJKLM
NOPQRSTUVWXYZ
1234567890
1234567890

*meist keine Fuß-
Serife (im Gegensatz
zur Concorde)*

*gekehlte Serife oben,
ohne Serife unten*

a b g C G

*abfallender,
hoch angesetzter
Bauch*

*horizontales
lineares Fähnchen*

hoher glatter Schaft

abcdefghijklmn
opqrstuvwxyzß
ABCDEFGHIJKLM
NOPQRSTUVWXYZ
1234567890
1234567890

mit Fuß-Serife

*glatter Serifen-
übergang, keine
Serife unten*

a b k C R

*eher gerade
ansetzender
Bogen*

*Schenkel und
Schaft berühren
sich nicht*

*Fuß mit leichtem
Schwung*

Großfamilie

Für den Laien besteht eine Schrift aus den Kleinbuchstaben, den Großbuchstaben, den Ziffern und einigen Satz-Zeichen. Für die Vorstellung eines Grafik-Designers kommen die verschiedenen Ziffernarten, die Kapitälchen, Schmuckbuchstaben und natürlich die verschiedenen Schriftschnitte – kursiv, halbfett, fett, schmal und breit etc. hinzu.

Für den Setzer diverser fachwissenschaftlicher Bücher gehört viel mehr zu einer Schrift: Sonderzeichen aller Art, phonetische Zeichen, diakritische Zeichen, fachspezifische Zeichen, z.B. für die Mathematik, Chemie usw., Zeichen für Lautschrift, und die zahlreichen Schnitte für die nicht-lateinischen Schriften. Lange nicht jede Schrift ist so weit ausgebaut, daß alle diese Zeichen zur Verfügung stehen – das ist einer der Gründe für die universelle Verbreitung der Times. Zu Bleisatz-Zeiten war der umfassende Ausbau einer Schrift ein äußerst kostspieliges und langwieriges Verfahren; zu Fotosatz-Zeiten war es immer noch mühsam genug, zudem war der Platz auf den Schriftfonts knapp. Heute, beim Computersatz, ist es – technisch gesehen – ein Leichtes, Sonderzeichen aller Art zu gestalten und der Schrift hinzuzufügen. Das bedeutet, daß manche Schriften die Chance haben, der Times-Großfamilie Konkurrenz zu machen.

Original-Probe der Times von 1932

Times New Roman a b c d e f g h i j k l m n o p q r s t u v w x y z A B C D E F G

Phonetisch

Kyrillisch

Griechisch

Türkisch

Times Ph

Times Plus 2

Trubetzkoy

Trubetzkoy Zwei

Trubetzkoy Drei

Semiramis (Indien)

Symbol

Mathematisch

Mathematisch

Mathematisch

KLMNOPQRSTUVWXYZäöüÄÖÜ1234567890ß´#+-.,!"§$%&/()=?`^*_:;¡

;≈¥@"#£fi^\˜·¯˙˚°ΠØÛÁ˘˝‚‰„»ÅÍ¤ÏÌÓıˆflŒÆ—÷˛˘›‹◊ÇÙ‡ *Kursiv* abcdefghij

XYZäöüÄÖÜ1234567890ß´#+-.,!"§$%&/()=?`^*_:;¡"¶¢[]|{}≠¿´‚·±•πø/¨

ΠØÛÁ˘˝‚‰„»ÅÍ¤ÏÌÓıˆflŒÆ—÷˛˘›‹◊ÇÙ‡ **Bold abcdefghijklmnopqrstuvwxy**

234567890ß´#+-.,!"§$%&/()=?`^*_:;¡"¶¢[]|{}≠¿´‚·±•πø/¨Ω †®™∑«å,∂f

ÅÍ¤ÏÌÓıˆflŒÆ—÷˛˘›‹◊ÇÙ **Kapitälchen** ABCDEFGHIJKLMNOPQRSTUVWXYZABCDE

ᴅ ss´#+-.,!"§$%&/()=?`^*_:;¡"¢[]|{}≠¿´‚·±•πø/¨Ω †®™∑«Å,∂f©ªºΔ¬ŒÆ—

ʟŒÆ—÷˛˘›‹◊ÇÙ 7 **Bruchzahlen** 1¢$3$456‡789¢¢´˙$¢2¢¢$$$°1¢$3$456‡789¢¢´˙$¢28¢$$$®•/

49286001335018952639752866 **Akzente** Ƅ ¶ ˛ ˛ ´ø¨łţ™ĐåƉ ˝ · ´ ˇ ˜Łİç`˝"ˆ˜·‾

ᴦšțˇωyžᴄ ᴃᴇ‾ʮᴎᴊᴉᴦ ʀꜱ ʧ∪∧ω·ᴈ··‿‿ᴑᴑᴢs3 ‾ᴓ‾ᴎ/,?´‵ ‚ ,ʒʼ ᴜ¹ᴣ¹2ω·

ɯ ° 6 ʔ ᴦ‚ ‾ꜱ ˙ 43 ‹ ᴘ **TCentral (Osteuropa)** ę`Ń¶ Ę Đ ņ ’ Ï•Ļ Ņŕ¨ĹĆđńĽ ′ŌĮ Ķ~Į√ćŇĩ ŗ ųŠÝ ķŽ’ʾ ļ

Ƅ вð f ïʌ Ꜧ Ĩ ëчбшъсыЄŕ зэьдг Бkɥ мнохцякЃ ющ Ë № B фa **Ostasien** ī ¶ ¢ Ī ạ ṭ ð ⁄ Ū ṯ ² Ṯ ă

α ΞΙΩΎŸZ ¨ βΕΡΜΦΤΨΑΒΚΟç Θ ό ς α χ ζ ï ’ ΓΗ · σ γ ï ü δ ψ ¹ ξ έ λ μ ν θ ω Ώ Ὲ ὺ ὶ ή Ή ² τ ύ

˘ Ù **Nimbus Roman PQ (Keltisch)** Ŷ ý · Ŵ Ẅ ẅ Û Á ẃ ẁ Ẁ ẙ Å Í Ï Ì Ó ı Ý ŷ Ẃ ŵ Ù **Nimbus Roman IC (Island)** Ø Ý å , ∂ f ª º œ

ɑʀꜱ ą b č d ė ě ğ ş į ľ ď ł m ń ǹ ō p ŕ ř š ţ ů ḥ ẃ ż ý ž Ą B ̌ Č Đ Ė Ě Ğ Ş Į Ĺ D ̌ Ĺ Ḿ Ň Ǫ P ́ Ŕ Ř Š Ţ Ů Ḥ Ẃ Ż Ý Ž ų ő

d Ḍ ṭ Ṭ ḍ Ḏ z ų ỳ þ ń ˙¨ Ŷ ŷ Ę ę d ł å ð ŵ ў z ĵ Ĺ í œ æ –Ķ ̚ ́ ǵ γ ć Ŷ ĩ Ý d ù Ü D ̆ ˙ ¯ ˚ ′ Ý Þ Ń Ũ Ā ˝ , Ṱ Ḍ Ł

p r̃ ̣ ş ţ ů p ḥ v ȳ z Ā Ḅ Ś Đ Ē Ṣ Ḡ Ḥ Į Q K L Ṃ N Ō Ṗ Ř Ṣ Ṭ Ū Ṗ Ḥ V Ȳ Z ạ ọ ụ Ą Q U n ŗ ş ţ š ´ ṃ ṅ Ņ Ṣ Ṭ

ᴊ ꜱ ꜣ ꜧ ʌ ᴨ χ ʎ ʎ ʎ ä ᴅ x ᴜ j : 3 ʰ ʷ ꜧ ꜞ ʔ Ø ß ´ ? ˘ ‾ ´ ʓ þ ø ‾ ¨ z ʈ ʀ ɛ å ð f ç ɧ đ ɲ ̣ ʯ ʃ ʎ ç x ɪ Θ ł f̣ ‖ η Ø ʈ ą̣ ˛ ᴈ ,,

σ τ υ ϖ ω ξ ψ ζ à ó ṇ α ɢ ʊ ʸ : ʒˇ ʷ ᵂ ᴵ ʷ ᴶ ʃ Ø Š ʅ ʒ ъ // ˘ ‾ ' þ ꞓ ꞇ ^ ˇ ᴐ ʓ вω ‾ ž ʈ ļ ạ ą ꝺ ꝼ ꞓ ḥ đ ṇ ᵬ æ ꞷ ṃ f g č x ɪ

ʝ ᵾ ɪ χ ʅ ɯ ɲ ǝ θ ꜯ ʃ ɟ ᴎ ʌ ᴨ χ ʎ Z ᴅ ᵊ x ᴜ j : 3 ʰ ʷ ꜧ ꜞ ʔ ʒ ` ˘ ʒ þ ‾ ¨ z ᴘ ʀ ɛ ð p ꞓ ḥ đ ṇ ṃ f ʃ ʎ ç x ï Θ ł f̣ ‖ ˜ Ᵽ ṭ ą

ị z ṭ ž ệ ụ g ā ṣ ḍ ṭ ġ ḥ ğ ḥ ś ì à ’ ĝ č b ḍ š ḥ ị x 75689 ⁹ Ø Ṡ ȥ ŗ Ů Ṗ Ō Ī Ū Ẓ Ṭ Ž Ẹ Ṳ Ḡ Ā Ṣ Ḍ Ṭ Ġ Ḥ Ğ Ḥ Ṥ Å ÿ ə ʿ

ΔΕΦΓΗΙϑ Κ ΛΜΝΟΠΘΡΣΤΥς ΩΞΨΖ1234567890♣↔#+-.,!©/∃%&/()=? ⊥ *

— ∠ ⊐ ° ∝ ~ ≡ ⊕ × ≅ © # ≤ ⇒ ⊥ ∴ ⏐⟨ ⟩ ‖ ∏ ϒ ÷ ↓ ⌈ ⌉ ⟨ ⟩™©∪ ⏐ ↔ ⌊ ⌋ ⟩⇓∈ → ∇ √ ⌉ ⇑ ∶ · ◌

ΗΙΞΚ ΛΜΝΟΠΘΡΣΤΘΩ6ΧΥΖ+ — × ÷ = ± ∓ ° ′ ″ ‴ s ε ≤ ≦ ‴ > < ≪ ⊉ ≥ ≧ ≲ / ≶ ≥ ∇ · ∞

⋢ ≢ ≢ **Mathematisch** < ≦ ≦ ≤ ≥ ≈ ≋ ~ ≃ ≅ ≧ ≥ ⊃ ⌐ ⌐ > ≊ ≋ ⌐ ≋ ⊐ ~ < ⋌ ‾‾ _

⫫ ⇁ ‾ ⋋ ‵ △ ≠ ∅ ⋯ ″ ⋕ ± ⋢ ⃗ (·) ⫩ ~ ∍ ⋊ ≔ ⋌ ⋇ ⋕ ≢ ⋣ ⋕ ⋕ ⫪ ⋇ ⋇ ⋕ ∇ ( ) ⋇ ⋕ ⋕ ⋕ ·

⏐⫪⏐ } ⟨ ⟩ ⟦ ⟧ ∑ Π) ∮ (∯ ⏐ ⟦ ‾ (/⏐ ⦂)) ∫ ⟦ ⟧ ⟨ ⟩ ⟦ ∑ Π) ∮ (∯ ⏐ ⟦ ‾ (/⏐ ()[ ] ⟨ ⟩ ⟦ ‾ ⟧ ∫ ⏐≃ ~ √ ⋁ ∯ Π /‖ ⏐ ≅ ∧

√ ⋢ ⋣ ≅ **Mathematisch** ⊆ ⊒ ‴ ⊃ ⊂ ∈ ∉ ⊇ ⊆ ⊏ / ⊆ ⧹ ▽ · ∞ ⊃ ⊃ ⊐ ⊊ ∉ ⊅ ∋ ∈ ∂ ⊅ ⊅ ⊅ × ⋢ ¢

◐ □ ▪ ■ ▮ ▬ ▲ ◣ ▰ * ☆ ◆ ○ △ □ ◁ ★ ▷ ▲ ABCDEFGHIJKLMNOPQRSTUVW

⌀⊗⊖△∴::⊤ ‾·⋋⋏⋎∴⋌⊤≃□⊖ ⊗⊢⊗⋋∴∷ **Astrologisch** ☿ ♂ ⛎♈♉♊♋♌ ♍ ♐ ♑ ♒ ♓ ♎

♏ ♐ ♑ ♒ ♈ ♉ ♊ ♋ ♌ ♍ ☌ ☍ ☉ ☽ ☾ ○ ● ☽ ⊙ ☺ ☹ ☻ ⊕ ♁ ♃ ♄ ♅ ♆ ♀ ♂ ☉ ☽ ☿

ɪᴠ Klassizistische Antiqua

Zur Gruppe der **Klassizistischen Antiqua**-Schriften gehören unter anderen: Augustea, Basilia, Bodoni, Caledonia, Centennial, Corporate A, Corvinius, De Vinne, Didot, Fairfield, Fenice, Fleischmann, Iridium, Marconi, Melior, Modern, Nofret, Normande, Prillwitz Antiqua, Ratio Roman, Walbaum, ITC Zapf Book.

§

Die Klassizistische Antiqua steht den Kupferstecher-Schriften besonders nahe. Haar- und Grundstriche unterscheiden sich stark. Die Achse der Rundungen steht senkrecht. Die Serifen sind waagerecht angesetzt. Kaum merklich, meist gar nicht ausgerundet sind die Winkel zwischen den Serifen und den Grundstrichen oder schrägen Haarstrichen.

Die Klassizistische Antiqua, die um 1800 entstand, zeigt ein kontrastreiches, präzises Bild von strenger Eleganz.

Stecher und Schriftschneider folgten bei ihrer Entwicklung den Formen, die durch die Einführung der Spitzfeder, die je nach der Stärke des Druckes durch die schreibende Hand in jeder Richtung feine oder fette Striche erlaubt, möglich wurden. Die Übergänge von Haar- und Grundstrichen sind bei den konsequentesten Vertretern kaum vermittelt.

Die Klassizistischen Antiqua-Schriften wirken statisch, ihre Buchstabenformen sind gedacht, als ob sie konstruiert wären. Vor allem die französischen Schriften aus dem Hause Didot und die Schriften des Italieners Giambattista Bodoni zeichnen sich durch Formstrenge aus, sie verkörpern in hoher Qualität das rationale Denken der Aufklärung. Ihre deutschen Nachahmungen, etwa von Walbaum oder Prillwitz, weisen dagegen eher verbindliche, biedere, »bürgerliche« Formdetails auf.

M M

PRG
PRG

Die »klassischen« Klassizistischen Antiqua-Schriften waren aus druck-technischer Sicht gefährdet: die feinen Serifen, die fast ohne Über-gang rechtwinklig aufeinandertrafen, brachen häufig während des Druckens ab. Den technischen Ansprüchen des aufkommenden Maschinenzeitalters waren sie, trotz der Bemühungen um immer festere Metallegierungen, nicht gewachsen. Diese Schriften sind auch beim Be-lichten auf Film und bei der Platten-kopie gefährdet. Zudem erschwert die starke Betonung der Senkrechten und der starke Kontrast zwischen den feinen und den dicken Linien die Lesbarkeit. Deshalb bedarf die Klassi-zistische Antiqua eines besonders sorgfältigen Buchstaben-Ausgleichs beim Titelsatz und eines angemes-senen Zeilenabstandes beim Werk-satz. Beim Druck auf Kunstdruck-papier oder auf hochweißem Papier kann, vor allem bei kleinen Schrift-graden, die Lesbarkeit durch Über-strahlung beeinträchtigt werden.

In der zweiten Hälfte des 19. Jahr-hunderts entstanden Schriften, die zwar den starken Kontrast des Dick-Dünn und die senkrechte Blickfüh-rung übernahmen, die Serifen aber durch verstärkte und ausgeprägte Ausrundungen vor dem Abbrechen schützten. Von diesen Schriften führt ein direkter Weg zu den Zeitungs-schriften, die vor allem unter den Aspekten der technischen Stabilität entstanden und gewissermaßen zwischen der Klassizistischen Antiqua und der Serifenbetonten Linear-Antiqua angesiedelt sind.

An der Entwicklung von der frühen zu den späteren klassizistischen Antiqua-Schriften läßt sich die Veränderung der Auffassung hin zu immer stärker forma-listischem Denken darstellen. Bei Didot oder Bodoni erhielt – bei aller forma-len Strenge – jeder Buchstabe und jede Detailform die Durchgestaltung aus dem Verständnis der »gewachsenen« Einzelform. Der Kopf eines P ist z.B. an-ders gespannt und proportioniert als der des R. Bei den späten Schriften sind sie tatsächlich identisch; ebenso ist bei allen scheinbar gleichen Details ver-fahren, von den Serifen bis zur Anglei-chung des Fußes beim R und K.

Aus diesem Denkansatz führt der Weg einerseits zur konstruierten Schematisierung der Futura und ihrer Verwandten, andererseits zur Buch-stabenmontage aus Einzelteilen man-cher via Computer erzeugter Schriften.

Bodoni *Giambattista Bodoni nach 1791*

Wie bei vielen historischen Schriften gilt auch hier: <u>Die</u> Bodoni gibt es nicht! Bodoni selbst hat seine Schriften immer aufs neue geschnitten und verbessert. Die heutigen Interpretationen folgen den verschiedensten Schnitten seiner Schriften. Sie reichen von der sensiblen Bauer Bodoni (nicht unter 14 Punkt als Leseschrift zu verwenden!), über die hier gezeigte Berthold Bodoni, bis zur Bodoni Old Face.

Dies ist ein Blindtext. Er gibt lediglich den Grauwert der Schrift an. Ist das wirklich so? Ist es gleichgültig, ob ich schreibe dies ist ein Blindtext oder Guaredisch nedunfeg? Feguned – mitnichten. Ein Blindtext bietet mir wichtige Informationen. An ihm messe ich die Lesbarkeit einer Schrift, ihre Anmutung, wie harmonisch die Figuren zueinander stehen und prüfe, wie breit oder schmal sie läuft. Ein Blindtext sollte möglichst viele verschiedene Buchstaben enthalten und in der Originalsprache gesetzt sein. Er muß keinen Sinn ergeben, sollte aber lesbar sein. Fremdsprachige Texte wie Lorem ipsum dienen nicht dem eigentlichen Zweck, da sie eine falsche

Walbaum *Justus Erich Walbaum nach 1803*

Die Walbaum ist der bekannteste deutsche Vertreter der klassizistischen Antiqua. Sie wirkt jedoch gegenüber den ausländischen Vertretern durch die geringeren Strichunterschiede homogener und daher besser lesbar. Durch die bessere Zeilenbildung ist sie typografisch etwas einfacher zu bewältigen als beispielsweise die Bodoni. (Siehe auch Seite 34)

Dies ist ein Blindtext. Er gibt lediglich den Grauwert der Schrift an. Ist das wirklich so? Ist es gleichgültig, ob ich schreibe dies ist ein Blindtext oder Guaredisch nedunfeg? Feguned – mitnichten. Ein Blindtext bietet mir wichtige Informationen. An ihm messe ich die Lesbarkeit einer Schrift, ihre Anmutung, wie harmonisch die Figuren zueinander stehen und prüfe, wie breit oder schmal sie läuft. Ein Blindtext sollte möglichst viele verschiedene Buchstaben enthalten und in der Originalsprache gesetzt sein. Er muß keinen Sinn ergeben, sollte aber lesbar sein. Fremdsprachige Texte wie Lorem ipsum dienen nicht dem eigentlichen Zweck, da sie eine falsche Anmutung vermitteln. Im Deutschen

Modern *Stephenson Blake 1860*

Ein typischer Vertreter der späten englischen Klassizistischen Antiqua. Mit ihren engen Rundungen und den übermäßig ästhetisierten Formen ist sie eher unruhig und für den Mengensatz nur schwer einsetzbar. Sie ist ein Nachweis einer hohen handwerklichen Präzision.

Dies ist ein Blindtext. Er gibt lediglich den Grauwert der Schrift an. Ist das wirklich so? Ist es gleichgültig, ob ich schreibe dies ist ein Blindtext oder Guaredisch nedunfeg? Feguned – mitnichten. Ein Blindtext bietet mir wichtige Informationen. An ihm messe ich die Lesbarkeit einer Schrift, ihre Anmutung, wie harmonisch die Figuren zueinander stehen und prüfe, wie breit oder schmal sie läuft. Ein Blindtext sollte möglichst viele verschiedene Buchstaben enthalten und in der Originalsprache gesetzt sein. Er muß keinen Sinn ergeben, sollte aber lesbar sein. Fremdsprachige Texte wie Lorem ipsum dienen nicht dem eigentlichen Zweck, da sie eine falsche Anmutung vermitteln. Im Deutschen gibt

Fairfield *Rudolf Ruzicka 1947*

Das Besondere dieser seltenen Schrift ist zum einen die »faire« Zeilenbildung und die gute Lesbarkeit, zum anderen die reichhaltige Ausstattung der Schnitte (es gibt Kapitälchen und Zierbuchstaben). Eine Besonderheit ist der »Caption«-Schnitt, ein z.B. für Bildunterschriften gedachter kursiver Schnitt, der dem Grauwert der Geradestehenden entspricht. (Blindtext v.o.n.u.: Caption, Regular, Kursiv)

Dies ist ein Blindtext. Er gibt lediglich den Grauwert der Schrift an. Ist das wirklich so? Ist es gleichgültig, ob ich schreibe dies ist ein Blindtext oder Guaredisch nedunfeg? Feguned – mitnichten. Ein Blindtext bietet mir wichtige Informationen. An ihm messe ich die Lesbarkeit einer Schrift, ihre Anmutung, wie harmonisch die Figuren zueinander stehen und prüfe, wie breit oder schmal sie läuft. Ein Blindtext sollte möglichst viele verschiedene Buchstaben enthalten und in der Originalsprache gesetzt sein. Er muß keinen Sinn ergeben, sollte aber lesbar sein. Fremdsprachige Texte wie Lorem ipsum dienen nicht dem eigentlichen Zweck, da sie eine falsche Anmutung vermitteln. Im Deutschen gibt

Centennial *Adrian Frutiger 1986*

Der ausgewogene Formenkanon aus der sicheren Hand Frutigers bestimmt ein bei aller Schärfe ausgesprochen ruhiges Schriftbild. Sie ist eine strapazierfähige Schrift, die mit den geringeren Strichkontrasten den heutigen Printmedien angepaßt ist und vor allem den Einsatz im Lauftext ohne Probleme erträgt – im Gegensatz zu manchen historischen Verwandten.

Dies ist ein Blindtext. Er gibt lediglich den Grauwert der Schrift an. Ist das wirklich so? Ist es gleichgültig, ob ich schreibe dies ist ein Blindtext oder Guaredisch nedunfeg? Feguned – mitnichten. Ein Blindtext bietet mir wichtige Informationen. An ihm messe ich die Lesbarkeit einer Schrift, ihre Anmutung, wie harmonisch die Figuren zueinander stehen und prüfe, wie breit oder schmal sie läuft. Ein Blindtext sollte möglichst viele verschiedene Buchstaben enthalten und in der Originalsprache gesetzt sein. Er muß keinen Sinn ergeben, sollte aber lesbar sein. Fremdsprachige Texte wie Lorem ipsum dienen nicht dem eigentlichen Zweck, da sie eine falsche Anmutung vermitteln. Im Deutschen gibt es

abcdefghijklmn
opqrstuvwxyzß
ABCDEFGHIJKLM
NOPQRSTUVWXYZ
1234567890
1234567890

f g k G R

*schräge Serife,
Rundung ohne
Fußansatz*

*die Achse des
Ovals im Binnen-
raum ist vertikal*

*enge Kopf-
Rundung*

*Schaft und Schenkel
sind nicht verbunden*

*enger, ausschwin-
gender Fuß*

---

abcdefghijklmn
opqrstuvwxyzß
ABCDEFGHIJKLM
NOPQRSTUVWXYZ
1234567890
1234567890

a g k G R

*weit ausholender
Ansatz zur unteren
Schlinge*

*abgeflachte
Serife*

*tropfenförmiger
Bauch, waage-
rechter Abstrich*

*waagerechte
Verbindung zwischen
Schaft und Schenkel*

auskragender Fuß

---

abcdefghijklmn
opqrstuvwxyzß
ABCDEFGHIJKLM
NOPQRSTUVWXYZ
1234567890

a g k G R

*tiefe
Auskehlung
beim Fuß*

*gehißtes
Fähnchen*

*hoch auslaufen-
der Endstrich*

*tief ansetzender
oberer, versetzter
unterer Schenkel*

*aufschwingender
Fuß-Endstrich*

---

abcdefghijklmn
opqrstuvwxyzß
ABCDEFGHIJKLM
NOPQRSTUVWXYZ
1234567890
1234567890

a g s G R

*unvermittelte,
eckige Serife*

*gebogenes
Fähnchen, »eckiger«
Ansatz der Schleife*

*keine runde
Tropfenform,
ungewöhnlicher
Abstrich*

»weiche« Serifen

*gebogener,
aufgestellter Fuß*

---

abcdefghijklmn
opqrstuvwxyzß
ABCDEFGHIJKLM
NOPQRSTUVWXYZ
1234567890
1234567890

a g k G R

*weicher Übergang
zum Fuß*

*großer Tropfen,
kleine untere
Schlinge*

*betont vertikale
Form*

*kräftige und
vermittelnde
Serifen*

*enger, einge-
zogener Fuß*

Der Einfluß der Technik

Die Texte dieser Doppelseite sind alle in der »Walbaum« gesetzt, im gleichen Schriftgrad mit dem gleichen Zeilenabstand. Dennoch sieht »die Walbaum« jedesmal völlig anders aus. Dabei gibt es, im Gegensatz zur Garamond, eine scheinbar verbindliche Vorlage: die in der Mitte des 19. Jahrhunderts von Justus E. Walbaum in Weimar geschnittene deutsche Version der Klassizistischen Antiqua. Doch ein Blick auf die nebenstehende Abbildung der Originalprobe zeigt, daß es »die« Walbaum nicht gegeben hat, sondern daß jeder Schriftgrad seine Eigenart hat, enger oder weiter läuft, magerer oder fetter geschnitten ist.

Im Blei-Handsatz konnte man auch hundert Jahre später noch jeden Schriftgrad getreu nachschneiden. Der Blei-Setzmaschinensatz – sei es Monotype-Einzelbuchstabenguß oder Linotype-Zeilenguß – erzwang schon gewisse Änderungen, die die Individualität der einzelnen Schriftgrade beeinträchtigte. Beim Fotosatz aber geht man in der Regel von ein und derselben Zeichnung für alle Schriftgrade aus, für 6-Punkt- wie für 36-Punkt-Schriften. Dazu kommt die von verschiedenen Schriftherstellern unterschiedlich beantwortete Frage, ob man bei der Übertragung einer Bleisatzschrift in den Fotosatz deren ursprüngliche Zeichnung oder das immer etwas fettere Schriftbild nach dem Druck, womöglich auf rauhem Papier, zugrunde legen soll.

Könner werden die Walbaum »mit sich selbst mischen«: für Lesetexte ein Schnitt mit geringem, für Headlines ein Schnitt mit ausgeprägtem Strichstärkenkontrast.

Zeitz Doberan
CANON 36 p

Herford Wien
CANON 36 p

Kordofan
CANON 36 p

Lob Herford
- CANON 40 p -

Alexisbad
CANON 40 p

Dinkelsbühl
CANON 40 p

PROBE BROCKHAUS, LEIPZIG 1846

Original-Probe der Walbaum-Antiqua von 1846

Walbaum Standard

Dies ist ein Blindtext. Er gibt lediglich den Grauwert der Schrift an. Ist das wirklich so? Ist es gleichgültig, ob ich schreibe dies ist ein Blindtext oder Guaredisch nedunfeg? Feguned – mitnichten. Ein Blindtext bietet mir wichtige Informationen. An ihm messe ich die Lesbarkeit einer Schrift, ihre Anmutung, wie harmonisch die Figuren zueinander stehen und prüfe, wie breit oder schmal sie läuft. Ein Blindtext sollte möglichst viele verschiedene Buchstaben enthalten und in der Originalsprache gesetzt sein. Er muß keinen Sinn ergeben, sollte aber lesbar sein. Fremdsprachige Texte wie Lorem ipsum dienen

Rafgenduks

Walbaum Buch

Dies ist ein Blindtext. Er gibt lediglich den Grauwert der Schrift an. Ist das wirklich so? Ist es gleichgültig, ob ich schreibe dies ist ein Blindtext oder Guaredisch nedunfeg? Feguned – mitnichten. Ein Blindtext bietet mir wichtige Informationen. An ihm messe ich die Lesbarkeit einer Schrift, ihre Anmutung, wie harmonisch die Figuren zueinander stehen und prüfe, wie breit oder schmal sie läuft. Ein Blindtext sollte möglichst viele verschiedene Buchstaben enthalten und in der Originalsprache gesetzt sein. Er muß keinen Sinn ergeben, sollte aber lesbar sein. Fremdsprachige Texte wie Lorem ipsum dienen nicht dem

Rafgenduks

Offset (2400 dpi)

Dies ist ein Blindtext. Er gibt lediglich den Grauwert der Schrift an. Ist das wirklich so? Ist es gleichgültig, ob ich schreibe dies ist ein Blindtext oder Guaredisch nedunfeg? Feguned – mitnichten. Ein Blindtext bietet mir wichtige Informationen. An ihm messe ich die Lesbarkeit einer Schrift, ihre Anmutung, wie harmonisch die Figuren zueinander stehen und prüfe, wie breit oder schmal sie läuft. Ein Blindtext sollte möglichst viele verschiedene Buchstaben enthalten und in der Originalsprache gesetzt sein. Er muß keinen Sinn ergeben, sollte aber lesbar sein. Fremdsprachige Texte wie Lorem ipsum dienen nicht dem

Laserdrucker (300 dpi)

Dies ist ein Blindtext. Er gibt lediglich den Grauwert der Schrift an. Ist das wirklich so? Ist es gleichgültig, ob ich schreibe dies ist ein Blindtext oder Guaredisch nedunfeg? Feguned – mitnichten. Ein Blindtext bietet mir wichtige Informationen. An ihm messe ich die Lesbarkeit einer Schrift, ihre Anmutung, wie harmonisch die Figuren zueinander stehen und prüfe, wie breit oder schmal sie läuft. Ein Blindtext sollte möglichst viele verschiedene Buchstaben enthalten und in der Originalsprache gesetzt sein. Er muß keinen Sinn ergeben, sollte aber lesbar sein. Fremdsprachige Texte wie Lorem ipsum dienen nicht dem

Zu spitze Plattenkopie

Dies ist ein Blindtext. Er gibt lediglich den Grauwert der Schrift an. Ist das wirklich so? Ist es gleichgültig, ob ich schreibe dies ist ein Blindtext oder Guaredisch nedunfeg? Feguned – mitnichten. Ein Blindtext bietet mir wichtige Informationen. An ihm messe ich die Lesbarkeit einer Schrift, ihre Anmutung, wie harmonisch die Figuren zueinander stehen und prüfe, wie breit oder schmal sie läuft. Ein Blindtext sollte möglichst viele verschiedene Buchstaben enthalten und in der Originalsprache gesetzt sein. Er muß keinen Sinn ergeben, sollte aber lesbar sein. Fremdsprachige Texte wie Lorem ipsum dienen nicht dem

Bürokopie

Dies ist ein Blindtext. Er gibt lediglich den Grauwert der Schrift an. Ist das wirklich so? Ist es gleichgültig, ob ich schreibe dies ist ein Blindtext oder Guaredisch nedunfeg? Feguned – mitnichten. Ein Blindtext bietet mir wichtige Informationen. An ihm messe ich die Lesbarkeit einer Schrift, ihre Anmutung, wie harmonisch die Figuren zueinander stehen und prüfe, wie breit oder schmal sie läuft. Ein Blindtext sollte möglichst viele verschiedene Buchstaben enthalten und in der Originalsprache gesetzt sein. Er muß keinen Sinn ergeben, sollte aber lesbar sein. Fremdsprachige Texte wie Lorem ipsum dienen nicht dem

gefaxt

Dies ist ein Blindtext. Er gibt lediglich den Grauwert der Schrift an. Ist das wirklich so? Ist es gleichgültig, ob ich schreibe dies ist ein Blindtext oder Guaredisch nedunfeg? Feguned – mitnichten. Ein Blindtext bietet mir wichtige Informationen. An ihm messe ich die Lesbarkeit einer Schrift, ihre Anmutung, wie harmonisch die Figuren zueinander stehen und prüfe, wie breit oder schmal sie läuft. Ein Blindtext sollte möglichst viele verschiedene Buchstaben enthalten und in der Originalsprache gesetzt sein. Er muß keinen Sinn ergeben, sollte aber lesbar sein. Fremdsprachige Texte wie Lorem ipsum dienen nicht dem

Schriftmusterbücher und gute Druckbeispiele stellen uns die Schriften in idealer Form vor, sorgfältig gesetzt, kopiert und gedruckt. So sind sie auch verhältnismäßig leicht zu erkennen. Doch muß man sie oft auch unter ungünstigeren Umständen identifizieren können: zu fett auf rauhem Papier gedruckt oder zu spitz kopiert, in einem gering auflösenden Computerausdruck oder gar gefaxt. Die nebenstehenden Beispiele zeigen, was alles aus ein- und demselben Original werden kann.

Schriften wie die Lucida oder die Officina wurden unter dem Gesichtspunkt entworfen, die Lesbarkeit auch bei mangelhafter Qualität von Kopien oder Ausdrucken zu gewährleisten.

v Serifenbetonte Linear-Antiqua

a) Serifenbetonte Linear-Antiqua,
abgeleitet von der Klassizistischen Antiqua

Zu dieser Gruppe gehören unter anderen:
Boton, PMN Caecila, Calvert, Clarendon,
Corporate E, Dominante, Egizio, Egyptian,
Egyptienne F, Glypha, GST-Gordon,
Impressum, Osiris, Serifa.

§

Zur Serifenbetonten Linear-Antiqua
zählen die Schriften, die eine mehr oder
weniger starke, aber immer auffallende
Betonung der Serifen zeigen. Die Haar-
und Grundstriche unterscheiden sich
wenig in der Dicke oder sind sogar,
einschließlich der Serifen, optisch ein-
heitlich.

Ursprünglich wurde diese Gruppe als
»Egyptienne« bezeichnet, das wird auf die
Ägypten-Begeisterung zur Zeit ihrer Verbreitung im ersten Drittel des 19. Jahrhunderts zurückgeführt, über den Charakter
dieser Schriften sagt das nichts aus.

In dieser Gruppe sind Schriften von
sehr unterschiedlicher Ausstrahlung
zusammengefaßt, von der reich durch-
geformten, verbindlichen »englischen
Egyptienne« bis zu den harten, konstruierten Formen des beginnenden 20. Jahrhunderts. Entsprechend der Serifenlosen
Linear-Antiqua lassen sich zur Verdeut-
lichung Untergruppen abgrenzen. Deren
Grenzen sind natürlich ebenso fließend,
wie bei allen anderen Schematisierungs-
versuchen.

Aus den Serifenbetonten Linear-Antiqua-Schriften
wurden durch Überbetonung der Serifen kuriose
Formen mit dekorativer Wirkung entwickelt,
wie die »Italienne« oder eine als »Toscanienne«
bezeichnete Spielform, die gern als »Western-
Schrift« eingesetzt wird.

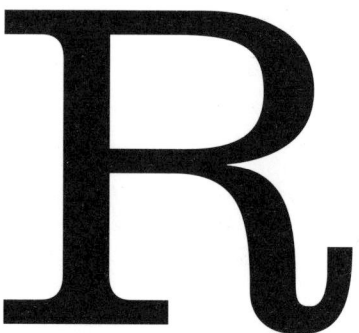

Die älteste der Serifenbetonten
Linear-Antiqua-Schriften ist die so-
genannte »Englische Egyptienne«.
Ihr berühmtester Vertreter ist die
Clarendon, deren Name mitunter
für die ganze Gruppe steht.

Ihre Formen ergeben sich aus
der Klassizistischen Antiqua durch die
Verdickung der Haarstriche. Dennoch
bleiben die Strichstärken deutlich
unterschieden. Die Serifen sind stark
ausgerundet. Die Buchstabenformen
sind zugleich stabil und organisch.
Trotz der durch die kräftigen Serifen
betonten Zeilenbildung ist sie eher
statisch.

b) Serifenbetonte Linear-Antiqua, Zeitungsschriften

Zu dieser Gruppe gehören unter anderen: Candida, Century, Excelsior, Gulliver, FF News, Nimrod, PE Proforma, Rotation, Schadow, Swift, Technotyp, Textype.

c) Serifenbetonte Linear-Antiqua, konstruiert

Zu dieser Gruppe gehören unter anderen: Beton, City, Cairo, Karnak, Lubalin Graph, Memphis, Osiris, Rockwell, Stymie, Welt.

d) Serifenbetonte Linear-Antiqua, abgeleitet von der Renaissance-Antiqua

Zu dieser Gruppe gehören unter anderen: Joanna, Lino Letter, Lucida Serif, FF Scala, Silica, FF TheSerif.

R R R

ı t t

Der Übergang von der Klassizistischen Antiqua zur Serifenbetonten Linear-Antiqua ist fließend. Gewissermaßen auf halbem Wege zwischen beiden befinden sich die meisten der typischen Zeitungsschriften, ausgenommen die Times. Sie verdanken ihre Eigenarten eher pragmatischen als stilistischen Überlegungen.
Um der Technik der Materprägung und dem Druck mit schnellaufenden Maschinen auf rauhem Papier standzuhalten, wurden die dünnen Linien verstärkt, die Punzen möglichst offen gehalten und die Buchstabenformen so robust und »neutral« gehalten, daß keine noch so schlechte Technik ihnen etwas anhaben konnte.

Bei den von der Konstruktion ausgehenden Linear-Antiqua-Schriften sind die Strichstärken der ursprünglichen Grund- und Haarstriche und der Serifen möglichst einheitlich; die Serifen sind rechtwinklig angesetzt. Die Zeilenbildung ist nicht so ausgeprägt, wie bei den »gewachsenen« Schwesterschriften. Manche Entwerfer zogen der Erinnerung an die ursprünglichen Herkunft die formale Konsequenz vor. Das Ergebnis waren harte, unorganische Formen, die beim Lesen »unbewußt auffallend« stören.

Von der Renaissance-Antiqua abgeleitete Serifenbetonte Linear-Antiqua-Schriften sind noch selten. Sie könnten deren zeilenbildenden, lesefreundlichen Duktus mit der Stabilität der »Egyptienne« verbinden. Die Joanna (entstanden um 1930) und neuerdings die Lino Letter sind aus diesem Gedanken heraus konzipiert. Indirekt werden manche halbfetten Renaissance-Antiqua-Schriften durch die Verdickung ihrer Serifen gewissermaßen unabsichtlich zu Schriften, die diesem Charakter verwandt sind.

Clarendon *Hermann Eidenbenz 1952*

Von allen Serifenbetonten nimmt diese Fassung der historischen Clarendon am deutlichsten Bezug auf die Klassizistische Antiqua. Sie hat trotz der kräftigen Serifen immer noch ein ausgeprägtes Dick-Dünn und ist die bekannteste Vertreterin der »Englischen Egyptienne«. Im Mengensatz nur von Könnern einzusetzen.

Dies ist ein Blindtext. Er gibt lediglich den Grauwert der Schrift an. Ist das wirklich so? Ist es gleichgültig, ob ich schreibe dies ist ein Blindtext oder Guaredisch nedunfeg? Feguned – mitnichten. Ein Blindtext bietet mir wichtige Informationen. An ihm messe ich die Lesbarkeit einer Schrift, ihre Anmutung, wie harmonisch die Figuren zueinander stehen und prüfe, wie breit oder schmal sie läuft. Ein Blindtext sollte möglichst viele verschiedene Buchstaben enthalten und in der Originalsprache gesetzt sein. Er muß keinen Sinn ergeben, sollte aber lesbar sein. Fremdsprachige Texte wie Lorem ipsum dienen nicht dem eigent-

Glypha *Adrian Frutiger 1977*

Die Glypha ist die jüngere und schlankere Schwester der ebenfalls von Adrian Frutiger entworfenen Serifa (1969). Beider Formenmerkmale sind ähnlich, die Glypha hat jedoch höhere Mittellängen und läuft enger als die Serifa. Die Glypha ist eine stark zeilenbildende, mit ihrem ruhigen Schriftbild gut lesbare, sachliche Serifenbetonte.

Dies ist ein Blindtext. Er gibt lediglich den Grauwert der Schrift an. Ist das wirklich so? Ist es gleichgültig, ob ich schreibe dies ist ein Blindtext oder Guaredisch nedunfeg? Feguned – mitnichten. Ein Blindtext bietet mir wichtige Informationen. An ihm messe ich die Lesbarkeit einer Schrift, ihre Anmutung, wie harmonisch die Figuren zueinander stehen und prüfe, wie breit oder schmal sie läuft. Ein Blindtext sollte möglichst viele verschiedene Buchstaben enthalten und in der Originalsprache gesetzt sein. Er muß keinen Sinn ergeben, sollte aber lesbar sein. Fremdsprachige Texte wie Lorem ipsum dienen nicht dem eigentlichen Zweck, da sie eine falsche Anmutung

Boton *Albert Boton 1986*

Der Glypha verwandt ist die Boton (nicht zu verwechseln mit der konstruierten »Beton«), sie läuft jedoch enger und ihre Buchstabenbreiten sind, vor allem bei den Versalien, einander angeglichen, das ergibt einen gleichmäßigen Grauwert, dient aber nicht unbedingt der besseren Lesbarkeit.

Dies ist ein Blindtext. Er gibt lediglich den Grauwert der Schrift an. Ist das wirklich so? Ist es gleichgültig, ob ich schreibe dies ist ein Blindtext oder Guaredisch nedunfeg? Feguned – mitnichten. Ein Blindtext bietet mir wichtge Informationen. An ihm messe ich die Lesbarkeit einer Schrift, ihre Anmutung, wie harmonisch die Figuren zueinander stehen und prüfe, wie breit oder schmal sie läuft. Ein Blindtext sollte möglichst viele verschiedene Buchstaben enthalten und in der Originalsprache gesetzt sein. Er muß keinen Sinn ergeben, sollte aber lesbar sein. Fremdsprachige Texte wie Lorem ipsum dienen nicht dem eigentlichen Zweck, da sie eine falsche Anmutung vermitteln. Im Deutschen gibt es

PMN Caecilia *Peter Matthias Noordzij 1991*

Eine gut lesbare, vor allem auch für den Mengensatz geeignete Schrift. Gemeine und Versalien sind wohlproportioniert, der Hell-Dunkel-Kontrast ist auf ein gleichmäßiges Schriftbild abgestimmt. Die reiche Ausstattung mit ihren zahlreichen Schriftschnitten und Ligaturen läßt eine große Variationsbreite zu. Sie hat eine echte Kursive.

Dies ist ein Blindtext. Er gibt lediglich den Grauwert der Schrift an. Ist das wirklich so? Ist es gleichgültig, ob ich schreibe dies ist ein Blindtext oder Guaredisch nedunfeg? Feguned – mitnichten. Ein Blindtext bietet mir wichtige Informationen. An ihm messe ich die Lesbarkeit einer Schrift, ihre Anmutung, wie harmonisch die Figuren zueinander stehen und prüfe, wie breit oder schmal sie läuft. Ein Blindtext sollte möglichst viele verschiedene Buchstaben enthalten und in der Originalsprache gesetzt sein. Er muß keinen Sinn ergeben, sollte aber lesbar sein. Fremdsprachige Texte wie Lorem ipsum dienen nicht dem eigentlichen Zweck, da sie eine falsche Anmutung

abcdefghijklmn
opqrstuvwxyzß
ABCDEFGHIJKLM
NOPQRSTUVWXYZ
1234567890

a g t G R

Tropfenform beim Fähnchen

Abstrich verjüngt sich konisch

Tropfenform, nach oben gezogener Endstrich

gekehlter Kopf, Endstrich ist in die Vertikale gezogen

Endstrich ist nach oben gebogen

---

abcdefghijklmn
opqrstuvwxyzß
ABCDEFGHIJKLM
NOPQRSTUVWXYZ
1234567890

a g t A G

Strichstärken-Kontraste, kurze Unterlänge

Kopf ohne Querbalken, breitbeinig

Bauch verläuft waagerecht in den Schaft

asymmetrischer Querbalken, Fuß tendiert nach oben

Querbalken verläuft nach links und rechts

---

abcdefghijklmn
opqrstuvwxyzß
ABCDEFGHIJKLM
NOPQRSTUVWXYZ
1234567890

a g t A G

relativ einheitliche Strichstärken, längere Unterlänge (vgl. Glypha)

Kopf mit Querbalken

schmale Gesamtform

Abstrich endet horizontal

Balken geht nur nach innen

---

abcdefghijklmn
opqrstuvwxyzß
ABCDEFGHIJKLM
NOPQRSTUVWXYZ
1234567890
1234567890

a b g G R

Bogen läuft ohne Serife aus

senkrechte Serife, offene Rundung

rechteckiger Anstrich, Strichstärkenkontraste

3stöckige Form

Fuß endet mit einem Bogen

Beispiele Serifenbetonte Linear-Antiqua
Zeitungsschriften und abgeleitet von der Renaissance-Antiqua

ITC Century *nach Linn Boyd Benton 1894*

Der Century-Schnitt von L. B. Benton war grundlegend für die ITC Century. Schon die ursprüngliche Century sollte durch den offenen Schriftcharakter und die kräftigen Serifen den schlechten drucktechnischen Bedingungen vorbeugen und ein gutes Schriftbild gewährleisten. Eine der vielen engen Verwandten ist die »New Century Schoolbook« von 1982.

Dies ist ein Blindtext. Er gibt lediglich den Grauwert der Schrift an. Ist das wirklich so? Ist es gleichgültig, ob ich schreibe dies ist ein Blindtext oder Guaredisch nedunfeg? Feguned – mitnichten. Ein Blindtext bietet mir wichtige Informationen. An ihm messe ich die Lesbarkeit einer Schrift, ihre Anmutung, wie harmonisch die Figuren zueinander stehen und prüfe, wie breit oder schmal sie läuft. Ein Blindtext sollte möglichst viele verschiedene Buchstaben enthalten und in der Originalsprache gesetzt sein. Er muß keinen Sinn ergeben, sollte aber lesbar sein. Fremdsprachige Texte wie Lorem ipsum dienen nicht dem eigentlichen Zweck, da sie eine falsche Anmutung vermitteln. Im Deutschen gibt es mehr

Excelsior *Chancey H. Griffith 1931*

Die Voraussetzungen für den Entwurf dieser Schrift waren technische Anforderungen: Sie sollte billigen Maschinensatz, das Matern (die Herstellung von negativen Papp-Druckformen) und Gießen der Druckformen und den Rotationsdruck gut lesbar überstehen. Das Ergebnis sind ihre einfachen, neutralen Formen.

Dies ist ein Blindtext. Er gibt lediglich den Grauwert der Schrift an. Ist das wirklich so? Ist es gleichgültig, ob ich schreibe dies ist ein Blindtext oder Guaredisch nedunfeg? Feguned – mitnichten. Ein Blindtext bietet mir wichtige Informationen. An ihm messe ich die Lesbarkeit einer Schrift, ihre Anmutung, wie harmonisch die Figuren zueinander stehen und prüfe, wie breit oder schmal sie läuft. Ein Blindtext sollte möglichst viele verschiedene Buchstaben enthalten und in der Originalsprache gesetzt sein. Er muß keinen Sinn ergeben, sollte aber lesbar sein. Fremdsprachige Texte wie Lorem ipsum dienen nicht dem eigentlichen Zweck, da sie eine falsche Anmutung vermitteln.

Candida *Jakob Erbar 1937*

Die Candida ist gewissermaßen die deutsche Antwort auf den Erfolg der Excelsior als unverwüstliche Zeitungs-Gebrauchsschrift. Sie ist unverbindlicher und härter als diese. Lange war sie vergessen, in jüngster Zeit kann man ihr gelegentlich wieder begegnen.

Dies ist ein Blindtext. Er gibt lediglich den Grauwert der Schrift an. Ist das wirklich so? Ist es gleichgültig, ob ich schreibe dies ist ein Blindtext oder Guaredisch nedunfeg? Feguned – mitnichten. Ein Blindtext bietet mir wichtige Informationen. An ihm messe ich die Lesbarkeit einer Schrift, ihre Anmutung, wie harmonisch die Figuren zueinander stehen und prüfe, wie breit oder schmal sie läuft. Ein Blindtext sollte möglichst viele verschiedene Buchstaben enthalten und in der Originalsprache gesetzt sein. Er muß keinen Sinn ergeben, sollte aber lesbar sein. Fremdsprachige Texte wie Lorem ipsum dienen nicht dem eigentlichen Zweck, da sie eine falsche Anmutung

Joanna *Eric Gill 1930*

Sie wurde für die Handpressendrucke der »Joanna-Press« entworfen (Eric Gills Tochter hieß »Joan«), hat sich aber später als strapazierfähige und gut lesbare Gebrauchsschrift erwiesen. Auffällig ist der fast geradestehende Kursiv-Schnitt (siehe Seite 12).

Dies ist ein Blindtext. Er gibt lediglich den Grauwert der Schrift an. Ist das wirklich so? Ist es gleichgültig, ob ich schreibe dies ist ein Blindtext oder Guaredisch nedunfeg? Feguned – mitnichten. Ein Blindtext bietet mir wichtige Informationen. An ihm messe ich die Lesbarkeit einer Schrift, ihre Anmutung, wie harmonisch die Figuren zueinander stehen und prüfe, wie breit oder schmal sie läuft. Ein Blindtext sollte möglichst viele verschiedene Buchstaben enthalten und in der Originalsprache gesetzt sein. Er muß keinen Sinn ergeben, sollte aber lesbar sein. Fremdsprachige Texte wie Lorem ipsum dienen nicht dem eigentlichen Zweck, da sie eine falsche Anmutung vermitteln. Im Deutschen gibt es mehr Versalien

Lino Letter *Reinhard Haus/Linotype-Team 1992*

Eine vielköpfige Großfamilie mit Mediäval-Ziffern und Kapitälchen. Sie ist am ehesten den auf die Renaissance-Antiqua bezogenen Egyptienne-Schriften zuzuordnen (spürbar ist der leichte Zug in die Horizontale). Trotz der hohen Strapazierfähigkeit, der guten Lesbarkeit und des großen Anwendungsspektrums wird sie bisher eher selten eingesetzt.

Dies ist ein Blindtext. Er gibt lediglich den Grauwert der Schrift an. Ist das wirklich so? Ist es gleichgültig, ob ich schreibe dies ist ein Blindtext oder Guaredisch nedunfeg? Feguned – mitnichten. Ein Blindtext bietet mir wichtige Informationen. An ihm messe ich die Lesbarkeit einer Schrift, ihre Anmutung, wie breit oder schmal sie läuft. Ein Blindtext sollte möglichst viele verschiedene Buchstaben enthalten und in der Originalsprache gesetzt sein. Er muß keinen Sinn ergeben, sollte aber lesbar sein. Fremdsprachige Texte wie Lorem ipsum dienen nicht dem eigentlichen Zweck, da sie eine falsche Anmutung

abcdefghijklmn
opqrstuvwxyzß
ABCDEFGHIJKLM
NOPQRSTUVWXYZ
1234567890

a f g G M

Überhang des Kopfes

schmale Gesamtform

schräger Bauchansatz

aufgerichtetes Fähnchen mit Tropfen

größere Strichstärken-Unterschiede als die Excelsior

abcdefghijklmn
opqrstuvwxyzß
ABCDEFGHIJKLM
NOPQRSTUVWXYZ
1234567890

a f g G M

eingezogener Kopf mit großem Tropfen, langer Querbalken

ausgerundete Binnen-form, gekehlter Fuß

nach oben gezogener Endstrich

hakenartiges Fähnchen

tiefe Aussparungen zwischen Schenkel und Schaft

abcdefghijklmn
opqrstuvwxyzß
ABCDEFGHIJKLM
NOPQRSTUVWXYZ
1234567890

a f g G R

kein Tropfen, kein Über-hang

balkenartige Serife ohne rechte Weiterführung des Querbalkens

schräger Ansatz, kreisartiger Bauch

vereinfachte Form

geschwungener Fuß

abcdefghijklmn
opqrstuvwxyzß
ABCDEFGHIJKLM
NOPQRSTUVWXYZ
1234567890

a d f P R

tiefes Einmünden, waagerechter Übergang zur Serife

nach oben tendierender Bogen

keine Serife im Ansatz, Gesamtform

weiter Über-hang, Serife ohne Kehlung

geschwungener, weit abgespreizt aufgesetzter Fuß

abcdefghijklmn
opqrstuvwxyzß
ABCDEFGHIJKLM
NOPQRSTUVWXYZ
1234567890
1234567890

a f g G R

Rundungen treffen auf kantige Serifen

gerundeter Über-gang zur Serife, gerader Abschluß

kantiger Anstrich, gekehlte Serifen

leicht konisches, geradliniges Fähnchen

breiter Kopf, aufgestellter Fuß

Memphis *Ernst Rudolf Weiß 1930*

Die leicht vermittelnden Strichstärken-Kontraste und das gleichmäßige Schriftbild machen sie zu einer Schrift, die für kürzere Lesetexte vielleicht noch brauchbar ist. Für längere Texte ist sie schwierig zu handhaben. Ein kräftiger Vertreter der 30er Jahre.

Dies ist ein Blindtext. Er gibt lediglich den Grauwert der Schrift an. Ist das wirklich so? Ist es gleichgültig, ob ich schreibe dies ist ein Blindtext oder Guaredisch nedunfeg? Feguned – mitnichten. Ein Blindtext bietet mir wichtige Informationen. An ihm messe ich die Lesbarkeit einer Schrift, ihre Anmutung, wie harmonisch die Figuren zueinander stehen und prüfe, wie breit oder schmal sie läuft. Ein Blindtext sollte möglichst viele verschiedene Buchstaben enthalten und in der Originalsprache gesetzt sein. Er muß keinen Sinn ergeben, sollte aber lesbar sein. Fremdsprachige Texte wie Lorem ipsum dienen nicht dem eigentlichen Zweck, da sie eine

City *Georg Trump 1930*

Sie stammt aus der Zeit der Zusammenarbeit von Georg Trump und Imre Reiner. Für ihre Konstruktion ist der rechte Winkel typisch, der nur zum Teil durch Abrundungen vermittelt ist – das gilt auch für die eigentlich runden Buchstaben. Die eigenartige Schrift ist nur für besondere Zwecke und kaum für Mengentexte geeignet.

Dies ist ein Blindtext. Er gibt lediglich den Grauwert der Schrift an. Ist das wirklich so? Ist es gleichgültig, ob ich schreibe dies ist ein Blindtext oder Guaredisch nedunfeg? Feguned – mitnichten. Ein Blindtext bietet mir wichtige Informationen. An ihm messe ich die Lesbarkeit einer Schrift, ihre Anmutung, wie harmonisch die Figuren zueinander stehen und prüfe, wie breit oder schmal sie läuft. Ein Blindtext sollte möglichst viele verschiedene Buchstaben enthalten und in der Originalsprache gesetzt sein. Er muß keinen Sinn ergeben, sollte aber lesbar sein. Fremdsprachige Texte wie Lorem ipsum dienen nicht dem eigentlichen Zweck, da sie eine falsche Anmutung vermitteln. Im

Stymie *Morris Fuller Benton 1931/32*

Eine durchkonstruierte Schrift mit starker Zeilenbildung und teilweise recht eigenwilligen Buchstabenfiguren. Als Mengensatzschrift kaum brauchbar. Es gibt große Unterschiede zwischen der ATF- und der hier gezeigten Linotype-Version!

Dies ist ein Blindtext. Er gibt lediglich den Grauwert der Schrift an. Ist das wirklich so? Ist es gleichgültig, ob ich schreibe dies ist ein Blindtext oder Guaredisch nedunfeg? Feguned – mitnichten. Ein Blindtext bietet mir wichtige Informationen. An ihm messe ich die Lesbarkeit einer Schrift, ihre Anmutung, wie harmonisch die Figuren zueinander stehen und prüfe, wie breit oder schmal sie läuft. Ein Blindtext sollte möglichst viele verschiedene Buchstaben enthalten und in der Originalsprache gesetzt sein. Er muß keinen Sinn ergeben, sollte aber lesbar sein. Fremdsprachige Texte wie Lorem ipsum dienen nicht dem eigentlichen Zweck, da sie eine falsche

Rockwell *Monotype Corporation 1933*

Eine der gut lesbaren serifenbetonten Schriften, die sich auch im Mengensatz bewährt. Dies ist auf die ausgewogene Proportionierung und die akribische Durchzeichnung zurückzuführen.

Dies ist ein Blindtext. Er gibt lediglich den Grauwert der Schrift an. Ist das wirklich so? Ist es gleichgültig, ob ich schreibe dies ist ein Blindtext oder Guaredisch nedunfeg? Feguned – mitnichten. Ein Blindtext bietet mir wichtige Informationen. An ihm messe ich die Lesbarkeit einer Schrift, ihre Anmutung, wie harmonisch die Figuren zueinander stehen und prüfe, wie breit oder schmal sie läuft. Ein Blindtext sollte möglichst viele verschiedene Buchstaben enthalten und in der Originalsprache gesetzt sein. Er muß keinen Sinn ergeben, sollte aber lesbar sein. Fremdsprachige Texte wie Lorem ipsum dienen nicht dem eigentlichen Zweck, da sie eine falsche Anmutung

Lubalin Graph *Herb Lubalin 1974*

Die Egyptienne-Form der Avant Garde mit den gleichen Eigenschaften. Durch den Verzicht auf vermittelte Strichstärken ergibt sich ein leicht fleckiges Schriftbild. Sie wird somit für den Mengensatz praktisch unbrauchbar; gleichzeitig ermöglicht sie jedoch im Titelsatz reizvoll-rhythmische Schriftbilder.

Dies ist ein Blindtext. Er gibt lediglich den Grauwert der Schrift an. Ist das wirklich so? Ist es gleichgültig, ob ich schreibe dies ist ein Blindtext oder Guaredisch nedunfeg? Feguned – mitnichten. Ein Blindtext bietet mir wichtige Informationen. An ihm messe ich die Lesbarkeit einer Schrift, ihre Anmutung, wie harmonisch die Figuren zueinander stehen und prüfe, wie breit oder schmal sie läuft. Ein Blindtext sollte möglichst viele verschiedene Buchstaben enthalten und in der Originalsprache gesetzt sein. Er muß keinen Sinn ergeben, sollte aber lesbar sein. Fremdsprachige Texte wie Lorem ipsum dienen nicht dem eigent-

abcdefghijklmn
opqrstuvwxyzß
ABCDEFGHIJKLM
NOPQRSTUVWXYZ
1234567890

Winkel mit sehr kräftigen Füßen

nach innen weit überstehender Querbalken, mit Fuß

a k t G R

Strichstärke und Rundung sind optisch vermittelt

gerader Anstrich, enge Rundung

Fuß senkrecht aufgestellt

---

abcdefghijklmn
opqrstuvwxyzß
ABCDEFGHIJKLM
NOPQRSTUVWXYZ
1234567890

sind vom Recht-eck ausgehend konstruiert,

die Versalien sind sehr schmal,

a g m G R

Alle Buch-staben

innen rechtwinklig, außen gerundet,

die Serifen sind recht-winklig angesetzt

---

abcdefghijklmn
opqrstuvwxyzß
ABCDEFGHIJKLM
NOPQRSTUVWXYZ
1234567890

kurzer Endstrich der Unterlänge

Serife angesetzt, langer Querbalken

a g t G R

kurzer Anstrich, größerer Bauch

Kopf leicht abgeschrägt

großer Kopf, das rechte Bein geht fast bis zum Schaft

---

abcdefghijklmn
opqrstuvwxyzß
ABCDEFGHIJKLM
NOPQRSTUVWXYZ
1234567890

Überhang nach unten gebogen

Rundung ohne Fuß

a f m G R

weit ausgeschwun-gener Anstrich, kleinerer Bauch

unterschiedliche Serifen

das rechte Bein stützt den Kopf ab

---

abcdefghijklmn
opqrstuvwxyzß
ABCDEFGHIJKLM
NOPQRSTUVWXYZ
1234567890

sehr kurze Oberlänge

überlanger Querbalken

a f g G R

in allen Teilen durchkonstruiert

kurze Unterlänge

sehr großer Kopf, in der Taille offen

VI Serifenlose Linear-Antiqua

a) Serifenlose Linear-Antiqua, abgeleitet von der Klassizistischen Antiqua

Um 1900 wurde die »Grotesk« als Satzschrift für Akzidenzen geschnitten. Auf dieser »Akzidenz-Grotesk« basiert die größte Untergruppe der Serifenlosen Linear-Antiqua. Sie kann von den Grundformen der Klassizistischen Antiqua abgeleitet werden. Die ersten Familien dieser Art sind »gewachsen«: nach Bedarf wurden neue Varianten geschnitten.

§

Ein Teil der zur Serifenlosen Linear-Antiqua zählenden Schriften ist in der Strichstärke vorwiegend oder sogar optisch ganz einheitlich. Bei dem anderen Teil unterscheiden sich die Strichdicken erheblich.

*Zu der **von der Klassizistischen Antiqua abgeleiteten Grotesk** gehören unter anderen:* Akzidenz Grotesk, FF Arial, Corporate S, Folio, FF Grotesque, Helvetica, Imago, Unica, Univers, Venus.

*Zu der **von der Renaissance-Antiqua abgeleiteten Grotesk** gehören unter anderen:* FF Advert, FF Eurocrat, Formata, Foundry Sans, Gill, GST-Polo, Granby Elephant, ITC Goudy Sans, ITC Legacy Sans, Lucida Sans, Maxima, Meta, Myriad, New Johnston, FF Scala Sans, ITC Stone Sans, Syntax, FF TheSans, Today.

*Zur **»Amerikanischen Grotesk«** gehören unter anderen:* Bulldog, Franklin Gothic, Lightline Gothic, News Gothic, Trade Gothic, Vectora.

*Zur **konstruierten Grotesk** gehören unter anderen:* Avant Garde, Avenir, Bernhard Gothic, Digi-Grotesk, Erbar Grotesk, Eurostile, Futura, Kabel, Neuzeit Grotesk, Neuzeit S, Spartan.

Die Serifenlose Linear-Antiqua, auch als »Grotesk« oder »Endstrichlose« (nach Tschichold) bekannt, entstand im ersten Drittel des 19. Jahrhunderts. Hundert Jahre wurde die zunächst meist für den Flachdruck auf den Lithostein gezeichnete »Steinschrift« ausschließlich als Auszeichnungsschrift (Akzidenz-Schrift) eingesetzt. Erst im Laufe des 20. Jahrhunderts hat sie sich nach und nach auch als Leseschrift für längere Texte durchgesetzt. Um die Jahrhundertwende und dann in den zwanziger und dreißiger Jahren unseres Jahrhunderts werden unterschiedliche Auffassungen der Serifenlosen Linear-Antiqua deutlich, die eine Zuordnung zu vier Untergruppen nahelegen. Auch hier bleiben die Grenzen zwischen den Untergruppen fließend; manche Schriften, wie z.B. die Nord-Antiqua, auch als »Olive« bekannt, entziehen sich jeglicher Klassifizierung.

Seit Adrian Frutigers »Univers« liegt solchen Schriftfamilien ein vorausgeplantes Gesamtkonzept zugrunde. Die Herkunft dieser Grotesk-Untergruppe von der Klassizistischen Antiqua hat Gerrit Noordzij plausibel dargestellt: in der Horizontalen ergeben sich durch Verstärkung der Grundlinien immer fettere Klassizistische Antiqua-Schriften; in der Vertikalen werden deren Haarlinien immer fetter. Es entstehen in sich geschlossene Formen und im Satz ruhige, aber statische Zeilen.

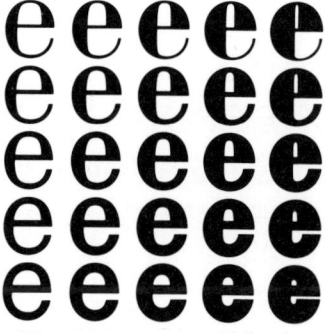

b) Serifenlose Linear-Antiqua, abgeleitet von der Renaissance-Antiqua

Nach ihrer Entstehungszeit jünger, von der formalen Herkunft aber älter sind die Linear-Antiqua-Schriften, die von der Renaissance-Antiqua abgeleitet sind. Der erste als Satzschrift ausgebaute Vertreter dieser Untergruppe ist die um 1928 erschienene »Gill Sans Serif«. Sie hat erst in jüngerer und jüngster Zeit Nachfolger gefunden.

c) »Amerikanische Grotesk«

Parallel zur mitteleuropäischen Entwicklung der serifenlosen Antiqua-Schriften entstanden in den USA Schriften, die weniger von einem Programm, als von praktischen Bedürfnissen bestimmt sind. Für diese Schriften beginnt sich die Bezeichnung »Amerikanische Grotesk« einzubürgern.

d) Serifenlose Linear-Antiqua, konstruiert

Das funktionalistische Denken des beginnenden 20. Jahrhunderts, vorab der Ansatz des Bauhauses, verlangte nach einer extrem vereinfachten, konstruierten Schriftform, ohne jeden Bezug zur handschriftlichen Herkunft. Ihr »Skelett«, die geometrische Grundform, sollte selbst zum Buchstaben werden. Diesem Ideal entsprechend wurde die Futura von Paul Renner zu der Schrift des Funktionalismus.

Die gleiche Versuchsanordnung wie nebenstehend führt zu einem ganz anderen Grotesk-Ergebnis, wenn man von den Formen einer Renaissance-Antiqua mit ihrer gedrehten Achse und ihrer »inneren Bewegung« ausgeht. Die daraus hervorgegangenen Linear-Antiqua-Formen behalten die Dynamik, die zeilenbildende Bewegung von links nach rechts. Dazu kommt eine entschiedenere Wortbildprägung und eine noch stärkere formale Differenzierung, vor allem durch die Figur des kleinen g.

Die »amerikanischen« Grotesk-Schriften haben größere Mittellängen, offenere Binnenformen, ein ausgeprägteres Dick-Dünn, vor allem bei den fetten Schnitten. Die Einführungen der runden in die geraden Formen sind stark verjüngt. Das gemeine g hat zwar die Form des klassischen Antiqua-g, es ist aber, im Gegensatz zu den von der Renaissance-Antiqua abstammenden Grotesk-Schriften, eher statisch.

Die von der Konstruktion ausgehenden Linear-Antiqua-Schriften haben bei unterschiedlichen Erscheinungsbildern ein gemeinsames Problem: die zahlreichen kreisförmigen Elemente erschweren die Entstehung eindeutiger Wortbilder. Um optische Verdickungen beim Ineinanderlaufen der gleichstarken Linien zu vermeiden, müssen die Strichstärken verjüngt werden, auch wenn das der Idee der »Linear«-Antiqua widerspricht.

Der Vergleich des kleinen g aus den vier Untergruppen der Serifenlosen Linear-Antiqua kann deren Unterschied nochmals verdeutlichen.

Paul Renner hatte seine 1927 erschienene Futura ursprünglich noch viel konsequenter konstruiert. Doch die Sehgewohnheiten der Schriftanwender verlangten »normalere« Buchstabenformen.

Akzidenz Grotesk *Berthold AG 1898*

Die »AG« ist die erste wichtige serifenlose Satzschrift (die wirklich erste war die Grotesk William Caslons von 1816). Sie war nicht für den Satz von Büchern gedacht, sondern ausschließlich für Anzeigen und andere Drucksachen, für »Akzidenzen«. Sie ist der Ausgangspunkt und Maßstab vieler serifenloser Schriften. Vor allem in der ruppigen Form der ursprünglichen Schnitte ist sie von unverwüstlicher Kraft.

Dies ist ein Blindtext. Er gibt lediglich den Grauwert der Schrift an. Ist das wirklich so? Ist es gleichgültig, ob ich schreibe dies ist ein Blindtext oder Guaredisch nedunfeg? Feguned – mitnichten. Ein Blindtext bietet mir wichtige Informationen. An ihm messe ich die Lesbarkeit einer Schrift, ihre Anmutung, wie harmonisch die Figuren zueinander stehen und prüfe, wie breit oder schmal sie läuft. Ein Blindtext sollte möglichst viele verschiedene Buchstaben enthalten und in der Originalsprache gesetzt sein. Er muß keinen Sinn ergeben, sollte aber lesbar sein. Fremdsprachige Texte wie Lorem ipsum dienen nicht dem eigentlichen Zweck, da sie eine falsche

Univers *Adrian Frutiger 1957*

Eine regelrechte Großfamilienplanung betrieb Frutiger mit dieser universellen Schrift. Sie war von vornherein mit 21 Schnitten geplant, mit einer neuen Schriftschnitt-Systematisierung (die Zahl 55 z.B. bezeichnet den normalen Schnitt). Der Hell-Dunkel-Kontrast der Buchstabenformen und der Binnenräume ist perfekt ausbalanciert. Für den Werksatz wie für den Titelsatz ist sie gleichgut brauchbar.

Dies ist ein Blindtext. Er gibt lediglich den Grauwert der Schrift an. Ist das wirklich so? Ist es gleichgültig, ob ich schreibe dies ist ein Blindtext oder Guaredisch nedunfeg? Feguned – mitnichten. Ein Blindtext bietet mir wichtige Informationen. An ihm messe ich die Lesbarkeit einer Schrift, ihre Anmutung, wie harmonisch die Figuren zueinander stehen und prüfe, wie breit oder schmal sie läuft. Ein Blindtext sollte möglichst viele verschiedene Buchstaben enthalten und in der Originalsprache gesetzt sein. Er muß keinen Sinn ergeben, sollte aber lesbar sein. Fremdsprachige Texte wie Lorem ipsum dienen nicht dem eigentlichen Zweck, da sie eine falsche Anmutung vermitteln.

Helvetica *Max Miedinger 1957*

Als Konkurrenz zur Akzidenz Grotesk entstand eine Überarbeitung der »Neuen Haas Grotesk« durch Max Miedinger. Im Rahmen des Siegeszuges der »Schweizer Typografie« wurde die Schrift »Helvetica« genannt und wurde zu <u>der</u> Schrift der 60er Jahre. Oft wird sie zu eng und mit zu wenig Durchschuß gesetzt, dann ist sie schlecht lesbar. Die Helvetica war wiederum Vorbild für die AG Buch.

Dies ist ein Blindtext. Er gibt lediglich den Grauwert der Schrift an. Ist das wirklich so? Ist es gleichgültig, ob ich schreibe dies ist ein Blindtext oder Guaredisch nedunfeg? Feguned – mitnichten. Ein Blindtext bietet mir wichtige Informationen. An ihm messe ich die Lesbarkeit einer Schrift, ihre Anmutung, wie harmonisch die Figuren zueinander stehen und prüfe, wie breit oder schmal sie läuft. Ein Blindtext sollte möglichst viele verschiedene Buchstaben enthalten und in der Originalsprache gesetzt sein. Er muß keinen Sinn ergeben, sollte aber lesbar sein. Fremdsprachige Texte wie Lorem ipsum dienen nicht dem eigentlichen Zweck, da sie eine falsche Anmutung

Folio *Konrad F. Bauer 1957*

Eine Schrift, die der Helvetica und der AG den Rang streitig machen sollte, dies aber nie ganz erreichte. Die Gemeinen sind kleiner, die Strichstärke unterschiedlicher und das Gesamtbild etwas »farbiger« als bei den Konkurrentinnen. Der normale Schnitt ist etwas leichter, der halbfette Schnitt etwas schwerer als bei jenen.

Dies ist ein Blindtext. Er gibt lediglich den Grauwert der Schrift an. Ist das wirklich so? Ist es gleichgültig, ob ich schreibe dies ist ein Blindtext oder Guaredisch nedunfeg? Feguned – mitnichten. Ein Blindtext bietet mir wichtige Informationen. An ihm messe ich die Lesbarkeit einer Schrift, ihre Anmutung, wie harmonisch die Figuren zueinander stehen und prüfe, wie breit oder schmal sie läuft. Ein Blindtext sollte möglichst viele verschiedene Buchstaben enthalten und in der Originalsprache gesetzt sein. Er muß keinen Sinn ergeben, sollte aber lesbar sein. Fremdsprachige Texte wie Lorem ipsum dienen nicht dem eigentlichen Zweck, da sie eine falsche Anmutung vermitteln.

Imago *Günther Gerhard Lange 1982*

Die zu Unrecht wenig verbreitete Schrift läßt G.G. Langes Fingerspitzengefühl in den Proportionen und den lebendig machenden Strichstärken-Unterschieden deutlich spüren. Betont neutral unterdrückt sie bewußt alle auffallenden Details, läuft gleichmäßig und dabei recht schmal, was zum Teil an den weniger breit gehaltenen Versalien liegt.

Dies ist ein Blindtext. Er gibt lediglich den Grauwert der Schrift an. Ist das wirklich so? Ist es gleichgültig, ob ich schreibe dies ist ein Blindtext oder Guaredisch nedunfeg? Feguned – mitnichten. Ein Blindtext bietet mir wichtige Informationen. An ihm messe ich die Lesbarkeit einer Schrift, ihre Anmutung, wie harmonisch die Figuren zueinander stehen und prüfe, wie breit oder schmal sie läuft. Ein Blindtext sollte möglichst viele verschiedene Buchstaben enthalten und in der Originalsprache gesetzt sein. Er muß keinen Sinn ergeben, sollte aber lesbar sein. Fremdsprachige Texte wie Lorem ipsum dienen nicht dem eigentlichen Zweck, da sie eine falsche Anmutung vermitteln. Im Deutschen gibt es mehr

abcdefghijklmn
opqrstuvwxyzß
ABCDEFGHIJKLM
NOPQRSTUVWXYZ
1234567890

*leichte Schräge
in der Endung*

*im Gegensatz zur
Helvetica schräger
Anstrich der Rundung*

a e s G R

*leicht schräg
einsetzende
Bauchrundung*

*ebenfalls leichte
Winkelung des An-
und Abstriches*

*gerader Fuß
(nicht bei der
AG Buch)*

---

abcdefghijklmn
opqrstuvwxyzß
ABCDEFGHIJKLM
NOPQRSTUVWXYZ
1234567890

*Schenkel stellen
einen Winkel dar*

*Rundung trifft
auf einen Schaft,
ohne Fuß*

a k t G Q

*leichte Biegung
des Endstriches*

*Oberlänge
beginnt mit
einer Schräge*

*waagerechter
Balken*

---

abcdefghijklmn
opqrstuvwxyzß
ABCDEFGHIJKLM
NOPQRSTUVWXYZ
1234567890

*waagerechter
Aufstrich (vergl. AG)*

*waagerechte Endung,
abgeschrägter Fuß*

a e s G Q

*vermittelte Einfüh-
rung der Rundung,
gebogener Endstrich*

*waagerechte
Endungen*

*beidseitig über-
stehender Balken*

---

abcdefghijklmn
opqrstuvwxyzß
ABCDEFGHIJKLM
NOPQRSTUVWXYZ
1234567890

*tief ansetzender
Bogen*

kurzer Querbalken

a r t G Q

*ausgeprägte
Strichstärken-
unterschiede*

*sich etwas
verjüngende
Biegung*

*Balken als Haken
ausgebildet*

---

abcdefghijklmn
opqrstuvwxyzß
ABCDEFGHIJKLM
NOPQRSTUVWXYZ
1234567890

*sich stark
verjüngende
Einmündung*

*ungewöhnlich
schmale Form*

a r s G Q

*Rundungen sind
oval ausgebildet,
leicht auslaufen-
der Abstrich*

*Strichstärken-
unterschiede*

*nach unten
gebogener
Schweif*

Gill *Eric Gill 1928*

Diese weltweit verbreitete Grotesk geht von den Formen der Serifenlosen von Edward Johnston aus (bekannt als Schrift für »London Underground«). Das lebendige Gesamtbild entsteht durch die unterschiedlichen Strichstärken. Durch die ausgeprägte Zeilenbildung ist sie für Lesetexte gut geeignet.

Dies ist ein Blindtext. Er gibt lediglich den Grauwert der Schrift an. Ist das wirklich so? Ist es gleichgültig, ob ich schreibe dies ist ein Blindtext oder Guaredisch nedunfeg? Feguned – mitnichten. Ein Blindtext bietet mir wichtige Informationen. An ihm messe ich die Lesbarkeit einer Schrift, ihre Anmutung, wie harmonisch die Figuren zueinander stehen und prüfe, wie breit oder schmal sie läuft. Ein Blindtext sollte möglichst viele verschiedene Buchstaben enthalten und in der Originalsprache gesetzt sein. Er muß keinen Sinn ergeben, sollte aber lesbar sein. Fremdsprachige Texte wie Lorem ipsum dienen nicht dem eigentlichen Zweck, da sie eine falsche Anmutung vermitteln. Im Deutschen gibt es mehr

Syntax *Hans Eduard Meyer 1969*

Eine bewußt auf die Renaissance-Antiqua bezogene Serifenlose Linear-Antiqua, die Versalien fußen auf der Monumentalschrift der Römer. Auffällig sind die ungewöhnlichen Endungen der Abstriche, die im rechten Winkel zum Schaft stehen (außer bei den fetten Schnitten). Eine gleichmässige Linear-Antiqua mit guter Lesbarkeit.

Dies ist ein Blindtext. Er gibt lediglich den Grauwert der Schrift an. Ist das wirklich so? Ist es gleichgültig, ob ich schreibe dies ist ein Blindtext oder Guaredisch nedunfeg? Feguned – mitnichten. Ein Blindtext bietet mir wichtige Informationen. An ihm messe ich die Lesbarkeit einer Schrift, ihre Anmutung, wie harmonisch die Figuren zueinander stehen und prüfe, wie breit oder schmal sie läuft. Ein Blindtext sollte möglichst viele verschiedene Buchstaben enthalten und in der Originalsprache gesetzt sein. Er muß keinen Sinn ergeben, sollte aber lesbar sein. Fremdsprachige Texte wie Lorem ipsum dienen nicht dem eigentlichen Zweck, da sie eine falsche Anmutung vermitteln. Im Deutschen gibt es mehr

Frutiger *Adrian Frutiger 1976*

Pate für die Frutiger war die Leitsystemschrift «Roissy» des Pariser Flughafens «Charles de Gaulle», für die A. Frutiger ebenfalls verantwortlich zeichnete. In Hinsicht auf Lesbarkeit und Anwendungsbreite hat diese offene und ausgewogene Schrift Maßstäbe gesetzt.

Dies ist ein Blindtext. Er gibt lediglich den Grauwert der Schrift an. Ist das wirklich so? Ist es gleichgültig, ob ich schreibe dies ist ein Blindtext oder Guaredisch nedunfeg? Feguned – mitnichten. Ein Blindtext bietet mir wichtige Informationen. An ihm messe ich die Lesbarkeit einer Schrift, ihre Anmutung, wie harmonisch die Figuren zueinander stehen und prüfe, wie breit oder schmal sie läuft. Ein Blindtext sollte möglichst viele verschiedene Buchstaben enthalten und in der Originalsprache gesetzt sein. Er muß keinen Sinn ergeben, sollte aber lesbar sein. Fremdsprachige Texte wie Lorem ipsum dienen nicht dem eigentlichen Zweck, da sie eine falsche Anmutung vermitteln. Im

Today *Volker Küster 1988*

Die Anlehnung an die Renaissance-Antiqua ist bei der reich ausgebauten, aber selten gesehenen Großfamilie deutlich spürbar. Es gibt sie von extra-leicht bis ultra-fett und von eng bis extra-weit, außerdem hat sie Kapitälchen und Mediäval-Ziffern. Bemerkenswert ist die schmallaufende echte Kursive. Für Lesetexte sehr gut geeignet.

Dies ist ein Blindtext. Er gibt lediglich den Grauwert der Schrift an. Ist das wirklich so? Ist es gleichgültig, ob ich schreibe dies ist ein Blindtext oder Guaredisch nedunfeg? Feguned – mitnichten. Ein Blindtext bietet mir wichtige Informationen. An ihm messe ich die Lesbarkeit einer Schrift, ihre Anmutung, wie harmonisch die Figuren zueinander stehen und prüfe, wie breit oder schmal sie läuft. Ein Blindtext sollte möglichst viele verschiedene Buchstaben enthalten und in der Originalsprache gesetzt sein. Er muß keinen Sinn ergeben, sollte aber lesbar sein. Fremdsprachige Texte wie Lorem ipsum dienen nicht dem eigentlichen Zweck, da sie eine falsche Anmutung vermitteln. Im Deutschen gibt es mehr Versalien und weniger m, n und

FF Meta *Erik Spiekermann 1991*

Die »Über«-Schrift der neunziger Jahre mit stark vereinheitlichten Proportionen der Versalien und einigen ausgeprägten Einzelformen. Die schmallaufende Serifenlose wird für Lesetexte weniger im Buch als im Magazinbereich eingesetzt.

Dies ist ein Blindtext. Er gibt lediglich den Grauwert der Schrift an. Ist das wirklich so? Ist es gleichgültig, ob ich schreibe dies ist ein Blindtext oder Guaredisch nedunfeg? Feguned – mitnichten. Ein Blindtext bietet mir wichtige Informationen. An ihm messe ich die Lesbarkeit einer Schrift, ihre Anmutung, wie harmonisch die Figuren zueinander stehen und prüfe, wie breit oder schmal sie läuft. Ein Blindtext sollte möglichst viele verschiedene Buchstaben enthalten und in der Originalsprache gesetzt sein. Er muß keinen Sinn ergeben, sollte aber lesbar sein. Fremdsprachige Texte wie Lorem ipsum dienen nicht dem eigentlichen Zweck, da sie eine falsche Anmutung vermitteln. Im Deutschen gibt es mehr Versalien und weniger m,

abcdefghijklmn
opqrstuvwxyzß
ABCDEFGHIJKLM
NOPQRSTUVWXYZ
1234567890

a g t M R

senkrechter Schäfte,
die Schenkel reichen
nicht zur Grundlinie

waagerechtes
Fähnchen

senkrechter
Anstrich, schräger
Ansatz des
Bauches

dreieckiger
Kopf

leicht gebogener,
weit abgespreiz-
ter Fuß

---

abcdefghijklmn
opqrstuvwxyzß
ABCDEFGHIJKLM
NOPQRSTUVWXYZ
1234567890

a g t M R

abgespreizte Schäfte
stehen mit den Kanten
auf der Grundlinie

starker Schwung
zur unteren
Schleife

rechtwinkliger
Ansatz des
Anstriches

relativ hohe
Oberlänge,
Abstrich mit
enger Rundung

Fuß endet nicht
in der Waagerechten

---

abcdefghijklmn
opqrstuvwxyzß
ABCDEFGHIJKLM
NOPQRSTUVWXYZ
1234567890

a g t G R

senkrechte Endung
des Bogens

einfache Form
ohne untere
Schlinge

Abstrich steht auf
der Grundlinie

schräger Ansatz
der Oberlänge

eng gestellter Fuß

---

abcdefghijklmn
opqrstuvwxyzß
ABCDEFGHIJKLM
NOPQRSTUVWXYZ
1234567890
1234567890

a r t R W

gerade
abgespreizter
Fuß

leicht abgeschrägter,
tief ansetzender
Bogen

senkrechter
Anstrich

gekehlter
Übergang des
Querbalkens
zur Oberlänge

zwei übereinander-
liegende V-Formen

---

abcdefghijklmn
opqrstuvwxyzß
ABCDEFGHIJKLM
NOPQRSTUVWXYZ
1234567890
1234567890

a g l G R

sehr schmale
Gesamtform

untere
Schlinge offen

kurzer Abstrich

abgerun-
deter Fuß

Fuß reicht
noch in den
Schaft

Franklin Gothic *Morris Fuller Benton 1904*

Der Prototyp der amerikanischen Grotesk, ursprünglich nur als halbfette Schrift geschnitten. Erst in der ITC-Version (wie hier gezeigt) wurden andere Schnitte hinzugefügt. Die betont ausdrucksvollen, von der Zeichnung bestimmten Formen ergeben ein kräftiges, charakteristisches Schriftbild.

Dies ist ein Blindtext. Er gibt lediglich den Grauwert der Schrift an. Ist das wirklich so? Ist es gleichgültig, ob ich schreibe dies ist ein Blindtext oder Guaredisch nedunfeg? Feguned – mitnichten. Ein Blindtext bietet mir wichtige Informationen. An ihm messe ich die Lesbarkeit einer Schrift, ihre Anmutung, wie harmonisch die Figuren zueinander stehen und prüfe, wie breit oder schmal sie läuft. Ein Blindtext sollte möglichst viele verschiedene Buchstaben enthalten und in der Originalsprache gesetzt sein. Er muß keinen Sinn ergeben, sollte aber lesbar sein. Fremdsprachige Texte wie Lorem ipsum dienen nicht dem eigentlichen Zweck, da sie eine falsche Anmutung vermitteln. Im Deutschen

News Gothic *Morris Fuller Benton 1908*

Die leichtere und schmalere Schwester der Franklin Gothic. Sie findet in den letzten Jahren auch in Europa eine immer breitere Verwendung und ist als gute Leseschrift bewährt. Eine Zwillingsschwester (außerehelich) der News läuft unter dem Namen »Trade Gothic« und wurde von Jackson Burke von 1948–60 entworfen. Die verschiedenen Adaptionen der News sind sehr unterschiedlich ausgefallen.

Dies ist ein Blindtext. Er gibt lediglich den Grauwert der Schrift an. Ist das wirklich so? Ist es gleichgültig, ob ich schreibe dies ist ein Blindtext oder Guaredisch nedunfeg? Feguned – mitnichten. Ein Blindtext bietet mir wichtige Informationen. An ihm messe ich die Lesbarkeit einer Schrift, ihre Anmutung, wie harmonisch die Figuren zueinander stehen und prüfe, wie breit oder schmal sie läuft. Ein Blindtext sollte möglichst viele verschiedene Buchstaben enthalten und in der Originalsprache gesetzt sein. Er muß keinen Sinn ergeben, sollte aber lesbar sein. Fremdsprachige Texte wie Lorem ipsum dienen nicht dem eigentlichen Zweck, da sie eine falsche Anmutung vermitteln. Im Deutschen gibt es mehr Versalien und weniger m, n und u. Bei aller Infor-

Vectora *Adrian Frutiger 1991*

Für den deutschsprachigen Schriftgebrauch mit den häufigen Versalien ist die Schrift recht interessant. Die n-Höhen und die Oberlängen der Gemeinen sind sehr hoch, die Versalien extrem klein gehalten und fallen somit nicht aus dem Schriftbild heraus (sie braucht aber viel Durchschuß). Mit der Vectora hat Adrian Frutiger seine Version der amerikanischen Grotesk geschaffen.

Dies ist ein Blindtext. Er gibt lediglich den Grauwert der Schrift an. Ist das wirklich so? Ist es gleichgültig, ob ich schreibe dies ist ein Blindtext oder Guaredisch nedunfeg? Feguned – mitnichten. Ein Blindtext bietet mir wichtige Informationen. An ihm messe ich die Lesbarkeit einer Schrift, ihre Anmutung, wie harmonisch die Figuren zueinander stehen und prüfe, wie breit oder schmal sie läuft. Ein Blindtext sollte möglichst viele verschiedene Buchstaben enthalten und in der Originalsprache gesetzt sein. Er muß keinen Sinn ergeben, sollte aber lesbar sein. Fremdsprachige Texte wie Lorem ipsum dienen nicht dem eigentlichen Zweck, da sie eine falsche Anmutung vermitteln. Im Deutschen gibt es mehr

Antique Olive *Roger Excoffon 1962–66*

Kein schwarzes Schaf der amerikanischen Grotesk, sondern ein französisches Eigengewächs (in Frankreich steht der ältere Begriff «Antiques» für Serifenlose). Sie hat ebenfalls, wie die amerikanische Grotesk, große Mittellängen und einen eigenartigen, in die Waagerechte ausgerichteten Zug.

Dies ist ein Blindtext. Er gibt lediglich den Grauwert der Schrift an. Ist das wirklich so? Ist es gleichgültig, ob ich schreibe dies ist ein Blindtext oder Guaredisch nedunfeg? Feguned – mitnichten. Ein Blindtext bietet mir wichtige Informationen. An ihm messe ich die Lesbarkeit einer Schrift, ihre Anmutung, wie harmonisch die Figuren zueinander stehen und prüfe, wie breit oder schmal sie läuft. Ein Blindtext sollte möglichst viele verschiedene Buchstaben enthalten und in der Originalsprache gesetzt sein. Er muß keinen Sinn ergeben, sollte aber lesbar sein. Fremdsprachige Texte wie Lorem ipsum dienen nicht dem eigentlichen Zweck, da sie eine falsche

abcdefghijklmn
opqrstuvwxyzß
ABCDEFGHIJKLM
NOPQRSTUVWXYZ
1234567890

a g t G J

aufgerichtetes Fähnchen

rundere Form als bei der News

waagerechter Ansatz des Bauches

leichte Schräge, kürzere Oberlänge als bei der News

vertikaler Anstrich

---

abcdefghijklmn
opqrstuvwxyzß
ABCDEFGHIJKLM
NOPQRSTUVWXYZ
1234567890

a g t G J

kreisrunde Form des »Auges«

enge Rundungen

schräger Ansatz des Bauches

gerader Ansatz, höhere Ober-länge als bei der News

schräger Anstrich

---

abcdefghijklmn
opqrstuvwxyzß
ABCDEFGHIJKLM
NOPQRSTUVWXYZ
1234567890

a g t G J

waagerechtes Fähnchen

ohne Fuß

ähnliche Form wie die Franklin

schräger Anstrich

schräger, sich etwas verjüngender Endstrich

---

abcdefghijklmn
opqrstuvwxyzß
ABCDEFGHIJKLM
NOPQRSTUVWXYZ
1234567890

a e t G R

kopflastige Form, vertikale Strichendung

gerader Anstrich, kein abschließender Querbalken

Betonung der Waagerechten

Kopf mit Kehlung

Binnenform ein Dreieck bis zur Oberkante des mittleren Querstrichs

Futura *Paul Renner 1928*

Die Futura ist der wichtigste Vertreter der konstruierten Serifenlosen. Ihre Formen sind streng konstruiert, ihre Proportionen hingegen basieren auf denen der »klassischen« Antiqua. Die scheinbar gleichen Strichstärken sind optisch vermittelt. Beim Gebrauch im Mengensatz bedarf sie einer besonders feinfühligen Behandlung.

Dies ist ein Blindtext. Er gibt lediglich den Grauwert der Schrift an. Ist das wirklich so? Ist es gleichgültig, ob ich schreibe dies ist ein Blindtext oder Guaredisch nedunfeg? Feguned – mitnichten. Ein Blindtext bietet mir wichtige Informationen. An ihm messe ich die Lesbarkeit einer Schrift, ihre Anmutung, wie harmonisch die Figuren zueinander stehen und prüfe, wie breit oder schmal sie läuft. Ein Blindtext sollte möglichst viele verschiedene Buchstaben enthalten und in der Originalsprache gesetzt sein. Er muß keinen Sinn ergeben, sollte aber lesbar sein. Fremdsprachige Texte wie Lorem ipsum dienen nicht dem eigentlichen Zweck, da sie eine falsche Anmutung vermitteln. Im Deutschen gibt es mehr Versalien

Kabel *Rudolf Koch 1928*

Trotz des konstruktiven Ursprungs ist hier die Handschrift Rudolf Kochs zu spüren, besonders durch die schräggestellten An- und Abstriche. Die geringe n-Höhe, die großen Oberlängen und einige eigenwillige Buchstabenformen machen sie für den Werksatz nur schwer brauchbar. Die ITC-Variante, die »Cable«, weicht vom Grundcharakter der Kabel stark ab.

Dies ist ein Blindtext. Er gibt lediglich den Grauwert der Schrift an. Ist das wirklich so? Ist es gleichgültig, ob ich schreibe dies ist ein Blindtext oder Guaredisch nedunfeg? Feguned – mitnichten. Ein Blindtext bietet mir wichtige Informationen. An ihm messe ich die Lesbarkeit einer Schrift, ihre Anmutung, wie harmonisch die Figuren zueinander stehen und prüfe, wie breit oder schmal sie läuft. Ein Blindtext sollte möglichst viele verschiedene Buchstaben enthalten und in der Originalsprache gesetzt sein. Er muß keinen Sinn ergeben, sollte aber lesbar sein. Fremdsprachige Texte wie Lorem ipsum dienen nicht dem eigentlichen Zweck, da sie eine falsche Anmutung vermitteln. Im Deutschen gibt es mehr Versalien und weniger m, n und u. Bei aller Informa-

Neuzeit S *Linotype 1966*

Sie ist der 1928 entstandenen Neuzeit Grotesk (von Wilhelm Pischner) sehr ähnlich, ist aber nicht ganz so streng durchkonstruiert. Das Schriftbild der Neuzeit Grotesk wirkt »härter«. Es ist dem der Futura in vielen Formen ähnlich. Auch hier gilt: Vorsicht bei größeren Textmengen.

Dies ist ein Blindtext. Er gibt lediglich den Grauwert der Schrift an. Ist das wirklich so? Ist es gleichgültig, ob ich schreibe dies ist ein Blindtext oder Guaredisch nedunfeg? Feguned – mitnichten. Ein Blindtext bietet mir wichtige Informationen. An ihm messe ich die Lesbarkeit einer Schrift, ihre Anmutung, wie harmonisch die Figuren zueinander stehen und prüfe, wie breit oder schmal sie läuft. Ein Blindtext sollte möglichst viele verschiedene Buchstaben enthalten und in der Originalsprache gesetzt sein. Er muß keinen Sinn ergeben, sollte aber lesbar sein. Fremdsprachige Texte wie Lorem ipsum dienen nicht dem eigentlichen Zweck, da sie eine falsche Anmutung vermitteln. Im Deutschen

Avant Garde *Herb Lubalin 1970*

Sie war die Avantgarde-Schrift der 70er. Die auf geometrischen Grundformen basierende Schrift ist aufgrund der optisch nicht ausgeglichenen Strichstärken für größere Textmengen fast unbrauchbar. Dafür ermöglichen die variationsreichen Formen der Versalien dekorative Schriftzeilen. Reine Headline-Schrift mit schönen Ligaturen bei den Versalien.

Dies ist ein Blindtext. Er gibt lediglich den Grauwert der Schrift an. Ist das wirklich so? Ist es gleichgültig, ob ich schreibe dies ist ein Blindtext oder Guaredisch nedunfeg? Feguned – mitnichten. Ein Blindtext bietet mir wichtige Informationen. An ihm messe ich die Lesbarkeit einer Schrift, ihre Anmutung, wie harmonisch die Figuren zueinander stehen und prüfe, wie breit oder schmal sie läuft. Ein Blindtext sollte möglichst viele verschiedene Buchstaben enthalten und in der Originalsprache gesetzt sein. Er muß keinen Sinn ergeben, sollte aber lesbar sein. Fremdsprachige Texte wie Lorem ipsum dienen nicht dem eigentlichen Zweck, da sie eine falsche Anmu-

Avenir *Adrian Frutiger 1988*

Frutigers Version einer konstruierten Serifenlosen, die aber von Hand gezeichnet ist obwohl sie auf geometrischen Grundformen basiert. Ihr Name «Avenir» (=franz. »Zukunft«=futur) deutet auf den bewußten Bezug zur Futura hin. Sie ist aber wegen der »gewachseneren« Formen leichter für Lesetexte einzusetzen.

Dies ist ein Blindtext. Er gibt lediglich den Grauwert der Schrift an. Ist das wirklich so? Ist es gleichgültig, ob ich schreibe dies ist ein Blindtext oder Guaredisch nedunfeg? Feguned – mitnichten. Ein Blindtext bietet mir wichtige Informationen. An ihm messe ich die Lesbarkeit einer Schrift, ihre Anmutung, wie harmonisch die Figuren zueinander stehen und prüfe, wie breit oder schmal sie läuft. Ein Blindtext sollte möglichst viele verschiedene Buchstaben enthalten und in der Originalsprache gesetzt sein. Er muß keinen Sinn ergeben, sollte aber lesbar sein. Fremdsprachige Texte wie Lorem ipsum dienen nicht dem eigentlichen Zweck, da sie eine falsche Anmutung

abcdefghijklmn
opqrstuvwxyzß
ABCDEFGHIJKLM
NOPQRSTUVWXYZ
1234567890

a c t G M

Rundung vertikal abgeschnitten (im Gegensatz zum e)

annähernd kreisrunde Form, rechtwinkliger Ansatz

vermittelte Strichunterschiede zum Schaft, Rundung ist eher oval

Kreuzform ohne abschließenden Fußbogen

gespreizte Schenkel, spitze Scheitel (nicht bei fetten Schnitten), das »V« ragt unter die Grundlinie

---

abcdefghijklmn
opqrstuvwxyzß
ABCDEFGHIJKLM
NOPQRSTUVWXYZ
1234567890

a e g A K

schräger Querstrich

hoch liegender Querbalken, gespreizte Schäfte

kurzer Bogen mit schrägem Anstrich

zwei Kreise

schräge An- und Abstriche

---

abcdefghijklmn
opqrstuvwxyzß
ABCDEFGHIJKLM
NOPQRSTUVWXYZ
1234567890

a c s G M

leichte Schrägen der Endungen

Rundung tendiert zum Oval, schräger Anstrich

weit herunterreichender Bogen, a-Form mit Bauch (im Gegensatz zur Neuzeit Grotesk)

waagerechte Endungen

flache Scheitel mit senkrechten Schenkeln

---

abcdefghijklmn
opqrstuvwxyzß
ABCDEFGHIJKLM
NOPQRSTUVWXYZ
1234567890
AWMV©THNTUT

a e g G R

fast geschlossener Kreis mit waagerechter Endung

überlanger, tiefliegender Querbalken

lineare Kreisform ohne vermittelnde Strichkontraste

extrem niedrige Unterlänge

offen

---

abcdefghijklmn
opqrstuvwxyzß
ABCDEFGHIJKLM
NOPQRSTUVWXYZ
1234567890

a g t G R

angepaßte Strichstärke der Rundung, offene Unterlänge

Rundung schließt glatt mit dem Schaft ab

waagerechter Bauchansatz, vermittelte StrichstärkenUnterschiede

Abstrich mit Rundung

Fuß setzt weit entfernt vom Schaft an

Die Helvetica ist nicht die Helvetica

Die Garamond ist nicht die Garamond. So wird in diesem Buch behauptet. Der Grund: die späteren Interpretationen gingen von unterschiedlichen Vorbildern aus oder wurden zu bewußt eigenständigen Schriften (siehe Seiten 22/23).

Die Helvetica ist nicht die Helvetica. Die Begründung ist umgekehrt zur Garamond: es gibt eine ganze Anzahl von Schriften, die genauso aussehen wie die Helvetica (oder fast genauso), jedoch einen anderen Namen tragen. Die Helvetica selbst hatte auch einen anderen Namen: ursprünglich hieß sie »Neue Haas-Grotesk«. Die Überarbeitung durch Max Miedinger erhielt dann den zugkräftigen Namen.

Was für die Helvetica gilt, gilt für viele andere Schriften, gerade für die beliebtesten und erfolgreichsten. So können die Univers als »Galaxy«, die Futura als »Fujiama« oder die Gill als »Humanist« (und das sind nur drei Beispiele von vielen) erstanden werden.

Der Hauptgrund für die falschen Namen ist blanker Diebstahl: unser Recht erlaubt zwar den Schutz von Markennamen, nicht aber (oder kaum) den Schutz von Schriftformen. Deshalb werden minimalste Veränderungen vorgenommen und die bekannte Schrift unter falscher Flagge verkauft. Der Schriftkünstler und der Schrifthersteller, die Können und Zeit und Geld investiert haben, gehen leer aus und sehen machtlos zu.

Der Grund für solche »Parallel-Schnitte« kann allerdings auch in der Verweigerung von Lizenzen gegenüber durchaus zahlungswilligen Konkurrenten sein. Das war der Grund für den Schnitt der AG Buch, die – wie die Helvetica selbst – eine beruhigte Form der ursprünglichen Akzidenz-Grotesk ist, oder auch für die URW Classico (Optima), an deren Überarbeitung der Schriftkünstler selbst mitgewirkt hat.

Ein weiterer Grund für eine gering veränderte Neuausgabe einer Schrift kann die Verbesserung aufgrund neuer Einsichten, Auffassungen oder technischen Möglichkeiten sein. So kam es zur perfektionierten »Neuen Helvetica«.

Helvetica *Max Miedinger 1957*

abcdefghijklmn
opqrstuvwxyzß
ABCDEFGHIJKLM
NOPQRSTUVWXYZ
1234567890

Rafgendu

AG Buch *Günther Gerhard Lange 1969*

abcdefghijklmn
opqrstuvwxyzß
ABCDEFGHIJKLM
NOPQRSTUVWXYZ
1234567890

Rafgendu

Nimbus Sans *URW 1983*

abcdefghijklmn
opqrstuvwxyzß
ABCDEFGHIJKLM
NOPQRSTUVWXYZ
1234567890

Rafgendu

Neue Helvetica *Linotype 1984*

abcdefghijklmn
opqrstuvwxyzß
ABCDEFGHIJKLM
NOPQRSTUVWXYZ
1234567890

Rafgendu

Switzerland *Programmschrift von »Corel Draw!«*

abcdefghijklmn
opqrstuvwxyzß
ABCDEFGHIJKLM
NOPQRSTUVQWXYZ
1234567890

Rafgendu

a a a a a a a

Neue Helvetica Ultra Light

abcdefghijklmn
opqrstuvwxyzß
ABCDEFGHIJKLM
NOPQRSTUVWXYZ
1234567890

Neue Helvetica Thin

abcdefghijklmn
opqrstuvwxyzß
ABCDEFGHIJKLM
NOPQRSTUVWXYZ
1234567890

Neue Helvetica Light

abcdefghijklmn
opqrstuvwxyzß
ABCDEFGHIJKLM
NOPQRSTUVWXYZ
1234567890

Neue Helvetica Roman

abcdefghijklmn
opqrstuvwxyzß
ABCDEFGHIJKLMN
OPQRSTUVWXYZ
1234567890

Neue Helvetica Bold

abcdefghijklmn
opqrstuvwxyzß
ABCDEFGHIJKLM
NOPQRSTUVWXYZ
1234567890

Neue Helvetica Black

abcdefghijklmn
opqrstuvwxyzß
ABCDEFGHIJKLM
NOPQRSTUVWXYZ
1234567890

Die scheinbar typischen Merkmale einer Schrift – z.B. der Fuß des kleinen a der Helvetica – sind keine untrüglichen Merkmale. Sie können sich verändern, z.B. wenn sich die Strichstärken ändern. So sind die schrägstehenden Balken der Syntax nur bei den mageren Schnitten rechtwinklig abgeschnitten, bei der fetten Syntax stehen sie waagerecht. Vergleichbares gilt für viele Schriften und Schriftschnitte.

»Die Helvetica ist nicht die Helvetica«. Das gilt auch in einem anderen Sinn. Nicht in den großen Formen, sondern in den feinsten Details der Durcharbeitung gibt es zahlreiche Differenzen bei angeblich identischen Schriften. Beim ursprünglichen Bleisatz-Schnitt der Univers z.B. waren die Füße der Balken ganz leicht ausgekehlt und der Anstrich beim kleinen n war zum Ansatz des Bogens hin minimal abgeschrägt, beides, um den optischen Eindruck eines geraden Fußes und eines senkrechten Anstriches zu erreichen. Beim Fotosatz konnte das noch ins Negativ übernommen werden, beim frühen elektronischen Lichtsatz mit seiner vergleichsweise groben Auflösung gab es Schwierigkeiten mit solchen Feinheiten, und so wurde einfach begradigt. Heute erlauben die immer differenzierteren technischen Möglichkeiten wieder alle Subtilitäten, aber nur die verantwortungsbewußten Schrifthersteller wählen den schwierigen Weg der Nuancierung, die anderen lassen es begradigt und grob – »der Kunde merkt es ja doch nicht«.

So kommt es, daß angeblich identische Schriften doch von unterschiedlicher Formqualität sein können.

Die differenzierte Darstellung solcher Unterschiede gehört nicht zur Themenstellung dieser Arbeit, doch auf sie hinzuweisen schien sinnvoll.

Über die Lesbarkeit

Ob ein Text oder eine Zeile oder ein Wort gut lesbar ist, hängt nicht von der Schrift allein ab. Ein guter Typograf oder Grafiker kann auch eine schlechter lesbare Schrift gut lesbar einsetzen; ein schlechter Typograf kann noch so gut lesbare Schriften verderben.

Bei Lesetexten ist die Schriftgröße im Verhältnis zur Zeilenlänge, zum Zeilenabstand, zur Oberfläche und Färbung des Papiers, die Drucktechnik und die Druckqualität ebenso wichtig für die Lesbarkeit wie die Schriftform. Viele Schriften, besonders die klassizistischen Antiqua-Schriften und fast alle mageren und feinen Schnitte, vertragen sich nicht mit hochweißem Papier oder sehr glattem Papier; sie dürfen auch nicht zu spitz auf die Offsetplatte kopiert werden; umgekehrt bei fetten Schriften, die sehr eng zugerichtet sind – um nur ein paar technische Beispiele zu nennen.

In ähnlichem Sinn gilt das auch für Beschriftungen aller Art, seien sie auf verschiedenste Materialien aufgedruckt, durchleuchtet oder dreidimensional: auch hier sind die Typografie, die Farbigkeit und die Oberfläche der Materialien entscheidend wichtig.

Doch kommt es natürlich auch auf die Schriftform an. Diese muß zum einen in der Lage sein, eindeutige, unverwechselbare Wortbilder zu erzeugen – das gilt für das Erkennen einzelner Wörter wie für längere Lesetexte –, zum anderen muß sie das Auge in der Zeile halten, damit es auch bei engem Zeilenabstand und langen Zeilen nicht in die Nachbarzeile abrutscht. Das gilt vor allem für Lesetexte.

Besonders charaktervolle Schriften mögen vielleicht schön oder »heutig« sein, der Lesbarkeit dienen sie meistens nicht; das gilt ebenso für einzelne auffallend besondere Buchstaben innerhalb sonst unaufdringlicher Schriften. Aber auch übertriebene Vereinfachung der gewachsenen Buchstabenformen dient nicht unbedingt der Lesbarkeit, weil sie zu Verwechslungen führen kann. Als Faustregel gilt: nicht die einfachsten, sondern die eindeutigsten Buchstaben sind am besten lesbar.

Die Reduzierung der Buchstabenformen auf das »Skelett« dient nicht der Lesbarkeit. Wenn dicht nebeneinanderstehende Buchstaben sich zu einem neuen verbinden können, wird das schnelle Erfassen des Wortbildes und damit des Wortsinnes verhindert. Die »Blinzelprobe« macht die Problematik deutlich.

Bei manchen serifenlosen Schriften bestehen die Buchstaben d, b, q und p aus identischen, nur in sich gespiegelten Formen. Das macht sie – vor allem für Leseanfänger – schlecht unterscheidbar und damit schlecht lesbar. Bei Renaissance-Antiqua-Schriften und bei bewußt lesegerecht gestalteten Serifenlosen sind die Formen dieser Buchstaben unterschieden und damit unverwechselbar.

Ein Geburtsfehler der Serifenlosen ist die Beinahe-Identität des großen I und des kleinen l. Bei Ortsnamen und Lernbüchern wird deshalb oft die Notbremse gezogen und – obwohl orthographisch falsch – ein J statt eines I gesetzt.

etage etage etage

etage etage etqqe

etage etaqe

etgge

etage

Nicht die einfachsten, sondern die eindeutigsten Buchstabenformen sind am besten lesbar. Die drei unterschiedlichen Serifenlosen des Beispieles lassen verschiedene Ergänzungen ihrer oberen Hälfte – die für das Lesen von besonderer Wichtigkeit ist – zu. Eine Situation, die im Straßenverkehr häufig vorkommt.

mox virgines tepebunt

Original Garamond

mox virgines tepebunt

Stempel Garamond

mox virgines tepebunt

ITC Garamond

Nicht nur die Buchstabenformen, sondern auch die Verhältnisse von Mittellänge zu Ober- und Unterlänge sind für die Lesbarkeit einer Schrift von großer Bedeutung. Die Tendenz geht heute zu immer größeren Mittellängen, auf Kosten der anderen Körperteile. Für Headlines und wenige Zeilen mag das sinnvoll sein, bei größeren Textmengen ist es eher schädlich. Die modernen Fassungen historischer Schriften brauchen deshalb einen größeren »Durchschuß«, d.h. einen vergrößerten Zeilenabstand. Ihre ursprünglichen Vorbilder hatten das nicht nötig.

mox virgines tepebunt

Trinité roman wide 1

mox virgines tepebunt

Trinité roman wide 2

mox virgines tepebunt

Trinité roman wide 3

Die Trinité gibt es deshalb in drei verschiedenen Proportionen – bei identischer Laufweite. Je nach Aufgabe und Zweck kann man sie mit »ausgewachsenen«, »normalen« oder sehr kurzen Ober- und Unterlängen einsetzen.

Auf dieser Seite werden Gruppen dargestellt, deren Grenzen fließend sind. Vor allem durch die explosionsartige Verbreitung des Titel-Fotosatzes und der daraus resultierenden Überfülle neuer Schriften entstandene Erweiterung der Schriften-Landschaft erscheint jegliche Bemühung um eine Klassifizierung hier sinnlos. So wichtig es ist, bei den Werkschriften die Basis aller Schriften zu kennen, so unsinnig wäre es, auf der uferlosen Spielwiese der »Headline«-Schriften Eingrenzungen zu versuchen. Deshalb sind hier neben den amtlichen Texten nur einige wenige Schriften als Illustration gezeigt.

Es entstehen immer mehr Schriften, die von heutigen Handschriften ausgehen, sei es, um die Wirkung einer ad hoc geschriebenen Handschrift zu erreichen, sei es, um spontanere, weniger festgelegte Formen als Basis für Satzschriften zu entdecken. Handschriften waren auch zu Bleisatz-Zeiten Vorbild für Satzschriften, von der »Englischen Schreibschrift« bis zur Mistral. Doch bei diesen war eine mühsame und sorgfältige Überarbeitung der Formen nötig, um die Verbindung der Buchstaben untereinander herzustellen. Erst die Computerprogramme erlauben einen freieren Umgang mit den Ausgangsformen.

Das Problem bei allen Übernahmen von geschriebenen Formen in Satzschrift ist die Wiederholung des Zufalls und der scheinbaren Spontaneität. Während sonst mit vielen Versuchen die dem Schriftcharakter entsprechende Idealform eines Buchstabens gesucht wurde, wird hier eine mehr oder weniger zufällige Einzelform zur allgemeingültigen Form erklärt.

VII Antiqua-Varianten

§

Zu den Varianten gehören alle Antiqua-Schriften, die den Gruppen I bis VI, VIII und IX nicht zugeordnet werden können, weil ihre Strichführung vom Charakter dieser Gruppen abweicht. Den Kern der Gruppe bilden Versalschriften für dekorative und monumentale Zwecke.

VIII Schreibschriften

§

Dazu zählt man die zur Drucktype gewordenen »lateinischen« Schul- und Kanzleischriften.

IX Handschriftliche Antiqua

§

»Handschriftliche Antiqua« werden die Schriften genannt, die, von der Antiqua oder deren Kursiv herkommend, das Alphabet in einer persönlichen Weise handschriftlich abwandeln.

RAFGEND Rafgenduk

Optima   *Copperplate*   *Friz Quadrata*

Rafgenduks Rafgenduks

FF Craft   *Eckmann*   *FF Mambo*

Rafgend Rafgenduk

FF Harlem   *FF Trixie*   *ITC Souvenir*

Rafgenduks Rafgenduks

FF Schulschrift b   *Medici Script*   *Linoscript*

Rafgenduk Rafgenduks

Poppl-Residenz   *Künstler Script*   *Delphin*

Rafgenduks Rafgenduks

Snell Roundhand   *Zapf Chancery*   *Legende*

Rafgenduks Rafgenduks

Tekton   *Kaufmann*   *Mistral*

Rafgendu Rafgenduks

FF Erikrighthand   *FF Providence*   *Pepita*

Rafgenduk Rafgendu

FF Justlefthand   *Brush Script*   *FF Childs Play*

x Gebrochene Schriften

Die Gattung der gebrochenen Schriften wird landläufig als »Fraktur« (=gebrochen) bezeichnet. Das ist falsch. Die Fraktur ist eine unter mehreren gebrochenen Schriften.

a) Gotisch

§ **Mit Gotisch werden die nach dem Vorbild der schmallaufenden Textur des 15. Jahrhunderts geschnittenen Schriften benannt, desgleichen deren breitere Formen aus späterer Zeit. Die gotische Schrift ist eng und hochstrebend. Alle Rundungen der Kleinbuchstaben sind konsequent gebrochen. Die Serifen werden zu rauten- oder würfelförmigen An- und Abstrichen.**

b) Rundgotisch

§ **Die Rundgotisch beruht auf der Rotunda der Frühdruckzeit. Die Brechung der Gotisch ist hier in gespannten Rundungen aufgefangen. Die rauten- oder würfelförmigen An- und Abstriche fallen fort.**

Die Gattung der gebrochenen Schriften war in Mittel- und Westeuropa durch viele Jahrhunderte hindurch die ebenbürtige Parallele zur Antiqua. Am längsten hielt sie sich in Form der eigentlichen Fraktur als Schrift für Lesetexte in Deutschland. Durch die Beanspruchung von Nationalisten im 19. und 20. Jahrhundert als »Deutsche Schrift«, durch die Belastung als Besatzerschrift zu Beginn des 2. Weltkrieges, durch das Verbot der Fraktur durch die Nazis und durch die Nivellierung im Rahmen der internationalen Kommunikation wurden die gebrochenen Schriften weitgehend verdrängt. Als Schrift für Zeitungsköpfe, Biermarken oder rustikale Kneipen ist sie international nach wie vor weit verbreitet.

Zur Gruppe der **Gotisch** *gehören unter anderen: Caslon-Gotisch, Cloister Black, Fette Gotisch, Goudy Text, Lino Text, Manuskript Gotisch, Notre Dame, Wilhelm-Klingspor-Gotisch.*

Zur Gruppe der **Rundgotisch** *gehören unter anderen: FF Ophelia, San Marco, Wallau, Weiß-Rundgotisch.*

Zur Gruppe der **Schwabacher** *gehören unter anderen: Alte Schwabacher, Ehmcke-Schwabacher, Nürnberger Schwabacher, Schneidler Schwabacher.*

Zur Gruppe der **Fraktur** *gehören unter anderen: Breitkopf-Fraktur, Fette Fraktur, Luthersche Fraktur, Unger-Fraktur, Walbaum-Fraktur, Wittenberger Fraktur, Zentenar-Fraktur.*

Daß Gutenberg die Textur als Vorbild für seine Typen wählte, hatte historische Gründe: er wollte die alten Mönchshandschriften durch seine Drucke nachahmen. Die zum Ausgleich der Zeilen in verschiedenen Breiten geschnittenen Formen mancher Buchstaben verstärkten diesen »geschriebenen« Eindruck. Zu Beginn des 20. Jahrhunderts wurden mehrere Versuche unternommen, sie neu zu gestalten. Diese Schriften folgten den differenzierten, komplizierten Formen der ursprünglichen Textur. Von den Nationalsozialisten wurde eine brutal vereinfachte Abart der Gotik als »deutsche Schrift« propagiert, der Setzermund nannte sie »Schaftstiefelgrotesk«.

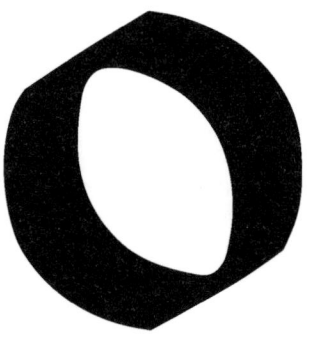

Der Rotunda wurde – im Gegensatz zu ihrer Schwester, der angeblich »nordischen« Textur – »mediterraner« Geist zugeschrieben, wohl deshalb, weil sie vor allem im Süden Europas eingesetzt wurde, auch wenn manche wichtige Vertreter von deutschen Schriftschneidern stammen. Ihr Schriftbild ist ruhiger und fließender als das der Textur, es steht der Antiqua näher als die anderen gebrochenen Schriften; deshalb war es auch möglich, die Kleinbuchstaben der Rundgotisch als Alternative zu den gotischen Versalien mit den Großbuchstabenformen einer »Breitfeder-Antiqua« zu verbinden. Infolgedessen wirkt ihre heutige Verwendung weniger historisierend, als die der anderen gebrochenen Schriften.

c) Schwabacher

§ Die im 15. Jahrhundert entstandenen breitlaufenden, volkstümlichen
Schriften erhielten später den Sam-
melnamen Schwabacher. Sie wirken
derber als Gotisch oder Rundgotisch.
Die Rundungen sind breiter als die
der Rundgotisch. Die Buchstaben-
innenräume sind lichter, das Gesamtbild ist heller. Typisch ist der kräftige
Querstrich des Kleinbuchstabens g.

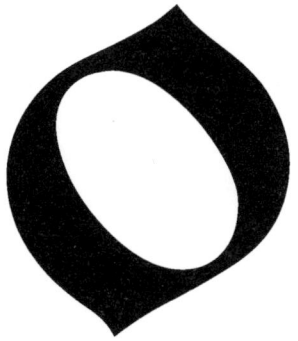

Die Schwabacher läßt die Herkunft
vom Schreiben deutlich spüren.
In ihr wurden die ersten deutsche
Bibel-Übersetzungen Martin Luthers
gesetzt, sie erlangte so eine unge-
heuere Verbreitung im deutschen
Sprachraum. Vielleicht ist das ein
Grund für die falsche Bezeichnung
»Deutsche Schrift« für die gebro-
chenen Schriften.
　　Der Einsatz der Schwabacher
über die Jahrhunderte hin wurde
durch einen Fraktur-spezifischen
Umstand gesichert: die Fraktur kennt
ja ursprünglich keine Kursive, keine
Kapitälchen und keinen Versalsatz;
halbfette Schnitte der Fraktur ent-
standen erst mit den Reklame-
Anforderungen im 19. Jahrhundert.
　　So blieb für die Auszeichnung
innerhalb von Fraktur-Texten nur
die Schriftmischung Fraktur und
Schwabacher übrig. Auch in der
Mischung mit Renaissance- und
Barock-Antiquaschriften hat sich
die Schwabacher bewährt.

d) Fraktur

§ Die Frakturschriften werden gegenüber der Schwabacher wieder
schlanker, wobei die Großbuchstaben teilweise breit bleiben und bei
den älteren Frakturschnitten häufig
an den »Elefantenrüsseln« zu erkennen sind. Die Rundungen werden
zum Teil wieder gebrochen.
Die Oberlängen von g, h, k und l
sind oben gespalten.

Die um 1540, also in der Renaissance,
für den Kaiser Maximilian I. entwik-
kelte Variante einer gebrochenen
Schrift wurde später zu der Schrift
der bürgerlichen Literatur im 18. und
19. Jahrhundert. Durch die enge Lauf-
weite und die schnell erfaßbaren
Wortbilder war sie zur Leseschrift
prädestiniert. Die für unsere heutigen
Augen komplizierten Großbuchstaben und die Ähnlichkeit mancher
Kleinbuchstaben taten dem keinen
Abbruch. Ihre Formen veränderten
sich, wie die der Antiqua, mit den
wechselnden stilistischen Einflüssen.
So unternahm z.B. Johann Friedrich
Unger den Versuch, die vom Ursprung
her typische Renaissance-Schrift dem
Empfinden des Klassizismus anzu-
passen. Bis in die dreißiger Jahre
des 20. Jahrhunderts entstanden so
neue, schöne und funktionstüchtige
Varianten der Fraktur.

e) Fraktur-Varianten

§ Zu dieser Untergruppe gehören
alle gebrochenen Schriften, die
X a)–d) nicht zugeordnet werden
können, weil ihre Strichführung
vom Charakter der genannten
Untergruppe abweicht.

sifkus rex

Es gibt bei der Fraktur Buchstaben, die von den
uns gewohnten Antiqua-Formen abweichen.
Hatten Sie Schwierigkeiten, die beiden Worte
zu lesen? Sie heißen:
sifkus rex und zeigen etwas von der angespro-
chenen Problematik: rundes s, langes f, das fast
wie das f aussieht, das k eher ein t und das x wie
eine Zierform des r.

*Die Regeln für den Umgang mit gebrochenen
Schriften sind in dem Buch »Fraktur« von
Albert Kapr dargestellt.*

Beispiel Gotisch

Manuskript Gotisch *Bauersche Gießerei 1899*

Eine historischen Vorbildern nachempfundene gotische Schrift, die das »liturgische Pathos« anderer Textur-Varianten vermeidet. Sie vermag sich mit vielen Antiqua-Schriften in reizvollem Kontrast zu verbinden. Als Leseschrift ist sie nicht geeignet.

Dies ist ein Blindtext. Er gibt lediglich den Grauwert der Schrift an. Ist das wirklich so? Ist es gleichgültig, ob ich schreibe dies ist ein Blindtext oder Guaredisch nedunfeg? Feguned – mitnichten. Ein Blindtext bietet mir wichtige Informationen. An ihm messe ich die Lesbarkeit einer Schrift, ihre Anmutung, wie harmonisch die Figuren zueinander stehen und prüfe, wie breit oder schmal sie läuft. Ein Blindtext sollte möglichst viele verschiedene Buchstaben enthalten und in der Originalsprache gesetzt sein. Er muß keinen Sinn ergeben, sollte aber lesbar sein. Fremdsprachige Texte wie Lorem ipsum dienen nicht dem eigentlichen Zweck, da sie eine falsche Anmutung vermitteln. Im Deutschen gibt es mehr

Beispiel Rundgotisch

Wallau *Rudolf Koch 1925–1930*

Eine der seltenen Vertreterinnen dieser Gruppe, die heute zur Verfügung stehen. Solche Schriften könnten mit ihrem ausgeglichenen und ruhigen Schriftbild vielseitiger eingesetzt werden als die anderen gebrochenen Schriften. Das liegt auch an den Antiqua-Versalien.

Dies ist ein Blindtext. Er gibt lediglich den Grauwert der Schrift an. Ist das wirklich so? Ist es gleichgültig, ob ich schreibe dies ist ein Blindtext oder Guaredisch nedunfeg? Feguned – mitnichten. Ein Blindtext bietet mir wichtige Informationen. An ihm messe ich die Lesbarkeit einer Schrift, ihre Anmutung, wie harmonisch die Figuren zueinander stehen und prüfe, wie breit oder schmal sie läuft. Ein Blindtext sollte möglichst viele verschiedene Buchstaben enthalten und in der Originalsprache gesetzt sein. Er muß keinen Sinn ergeben, sollte aber lesbar sein. Fremdsprachige Texte wie Lorem ipsum dienen nicht dem eigentlichen Zweck, da sie eine falsche Anmutung vermitteln. Im Deutschen gibt es mehr Versalien und

Beispiel Schwabacher

Alte Schwabacher *vor 1650*

Die Kraft dieses Nachschnittes einer historischen Schwabacher wurde von keinem der zahlreichen Versuche, diesen Schrifttyp zu variieren oder neu zu interpretieren, erreicht oder gar übertroffen. Trotz des sehr kräftigen und bewegten Bildes hat sie sich auch für größere Textmengen bewährt.

Dies ist ein Blindtext. Er gibt lediglich den Grauwert der Schrift an. Ist das wirklich so? Ist es gleichgültig, ob ich schreibe dies ist ein Blindtext oder Guaredisch nedunfeg? Feguned – mitnichten. Ein Blindtext bietet mir wichtige Informationen. An ihm messe ich die Lesbarkeit einer Schrift, ihre Anmutung, wie harmonisch die Figuren zueinander stehen und prüfe, wie breit oder schmal sie läuft. Ein Blindtext sollte möglichst viele verschiedene Buchstaben enthalten und in der Originalsprache gesetzt sein. Er muß keinen Sinn ergeben, sollte aber lesbar sein. Fremdsprachige Texte wie Lorem ipsum dienen nicht dem eigentlichen Zweck, da sie eine falsche Anmutung vermitteln. Im Deutschen gibt es

Beispiel Fraktur

Zentenar-Fraktur *F.H. Ernst Schneidler 1937*

Der letzte wichtige Vertreter einer Fraktur-Schriftfamilie. Die Zentenar-Fraktur verbindet die historisch gewachsene Form mit der persönlichen Formsprache des Künstlers. Ihr breiterer Einsatz wurde durch den Krieg und den Verlust der Fraktur als Gebrauchsschrift verhindert.

Dies ist ein Blindtext. Er gibt lediglich den Grauwert der Schrift an. Ist das wirklich so? Ist es gleichgültig, ob ich schreibe dies ist ein Blindtext oder Guaredisch nedunfeg? Feguned – mitnichten. Ein Blindtext bietet mir wichtige Informationen. An ihm messe ich die Lesbarkeit einer Schrift, ihre Anmutung, wie harmonisch die Figuren zueinander stehen und prüfe, wie breit oder schmal sie läuft. Ein Blindtext sollte möglichst viele verschiedene Buchstaben enthalten und in der Originalsprache gesetzt sein. Er muß keinen Sinn ergeben, sollte aber lesbar sein. Fremdsprachige Texte wie Lorem ipsum dienen nicht dem eigentlichen Zweck, da sie eine falsche Anmutung vermitteln. Im Deutschen gibt es mehr Versalien und weniger m, n und u. Bei aller Information ersetzt

abcdefghijklmn
opqrsstuvwxyzß
ABCDEFGHIJKLMN
OPQRSTUVWXYZ
1234567890
1234567890

a g k A S

abcdefghijklmn
opqrsstuvwxyzß
ABCDEFGHIJKLMN
OPQRSTUVWXYZ
1234567890
1234567890

a d m A E

abcdefghijklmn
opqrsstuvwxyzß
ABCDEFGHIJKLM
NOPQRSTUVWXYZ
1234567890
1234567890

d g k h S

abcdefghijklmn
opqrsstuvwxyzß
ABCDEFGHIJKLMN
OPQRSTUVWXYZ
1234567890
1234567890

b g s ß B S

Schriften vor Gutenberg

»Gutenberg hat die falsche Erfindung gemacht« (Gerrit Noordzij). Er hätte gleich den Offsetdruck erfinden sollen, dann wäre die persönliche Handschrift lebendig geblieben statt der schematisierenden und nivellierenden Satzschrift.

Der »Computer« macht es möglich, nochmals dort anzufangen, wo Gutenberg angefangen hat: bei den geschriebenen Schriften der Generationen und Jahrhunderte vor ihm. Die bisher vorliegenden Beispiele haben allerdings den Nachteil, daß – wie bei den Schriftentwürfen, die von heutigen persönlichen Handschriften ausgehen – die Spontaneität der einzelnen Buchstabenformen durch die vorerst unausweichliche permanente Wiederholung unglaubwürdig wird. Erst Computerprogramme, die jeden Buchstaben in einer Vielfalt von Variationen ausgeben können, werden in der Lage sein, die Satzschrift-Schematisierung zu überwinden.

Herculanum *Adrian Frutiger 1992*

»Römische Schrift« war der Inbegriff steingewordener Formvollendung und zugleich Ausgangspunkt des Schrift-Stammbaumes. Daß neben gemeißelten Inschriften im alten Rom ein lebendiger, flüchtiger Schriftverkehr herrschte, wissen wir von Wandschmiereereien in Pompeji und Herculanum und von zufällig erhaltenen Wachstäfelchen. Den Geist dieser spontanen Schrift hat Frutiger wieder zum Leben erweckt.

Duc de Berry *Gottfried Pott 1992*

Die Bastarda gehört zu einem Handschrifttypus, einer »gotischen Kursiv«, die zur Zeit Gutenbergs in vielen national und individuell ausgeprägten Formen geschrieben wurde. Sie hatte bislang keinen festen Platz im Kanon der Schriftklassifizierung, ihr handschriftlicher Duktus sperrte sich gegen den Schriftschnitt. Nun hat Gottfried Pott seine Version einer französischen Bastarda vorgelegt.

ABCDEFGHIJKLMN
OPQRSTUVWXYZSS
ABCDEFGHIJKLM
NOPQRSTUVWXYZ
1234567890

abcdefghijklmn
opqrsſtuvwxyzß
ABCDEFGHIJKLM
NOPQRSTUVWXYZ
1234567890

Computerschriften

Das mit »Computerschriften« überschriebene Kapitel beinhaltet zum einen die Schriften, die für eine informelle Kommunikation gedacht sind. Um eine fehlerfreie Informationsübermittlung zu gewährleisten, müssen die Buchstabenformen so unmißverständlich und unterschiedlich wie möglich sein und den Versalien wie der Gemeinen muß die gleiche Buchstabenbreite zugrundeliegen (ähnlich den [älteren] Schreibmaschinentypen). Die mittlerweile vielfältigen Optical Character Recognition-Schriften sollen dies leisten können.

Zum anderen sind hier Schriften gemeint, die sich das Medium selbst zunutze machen. Die Formen der Schriften werden per »Zufallsgenerator« bestimmt, dabei ist weniger das ästhetische Ergebnis von Bedeutung, als das Prinzip der Idee. Ob das ein Ansatz für die zukünftige Schriftentwicklung ist, wird sich zeigen.

OCR-B *Adrian Frutiger 1968*

Frutiger erhielt den Auftrag, eine computer-lesbare Standard-Schrift zu entwerfen. Es ist ihm eine computergerechte Schrift gelungen, die (im Gegensatz zu den neuen bundesdeutschen Autokennzeichen) das menschliche Auge nicht beleidigt. Mit der OCR-B-Schrift kann jeder Bundesbürger erfaßt werden, etwa wenn er seinen Personalausweis einem Polizeibeamten vorweisen muß.

FF Beowolf *Erik van Blokland, Just van Rossum 1990*

Ein herkömmlicher Schriftentwurf liegt ihr zugrunde, bei der Digitalisierung wurden mehrere »Anlaufpunkte« auf der Outline des jeweiligen Buchstabens definiert, die bei der Ausgabe als PostScript-Format zufällig ausgewählt werden. Kein »e«, kein »n« gleicht so beim Setzen dem anderen.

abcdefghijklmn
opqrstuvwxyzß
ABCDEFGHIJKLM
NOPQRSTUVWXYZ
1234567890

Beowolf Serif R21
Beowolf Serif R22
Beowolf Serif R23

Die Beowolf gibt es in drei verschiedenen Stufen und jeweils auch als Sans Serif.

DIES IST EIN BLINDTEXT. ER GIBT LEDIGLICH DEN GRAUWERT DER SCHRIFT AN. IST DAS WIRKLICH SO? IST ES GLEICHGÜLTIG, OB ICH SCHREIBE DIES IST EIN BLINDTEXT ODER GUAREDISCH NEDUNFEG? FEGUNED – MITNICHTEN. EIN BLINDTEXT BIETET MIR WICHTIGE INFORMATIONEN. AN IHM MESSE ICH DIE LESBARKEIT EINER SCHRIFT, IHRE ANMUTUNG, WIE HARMONISCH DIE FIGUREN ZUEINANDER STEHEN UND PRÜFE, WIE BREIT ODER SCHMAL SIE LÄUFT. EIN BLINDTEXT SOLLTE MÖGLICHST VIELE VERSCHIEDENE BUCHSTABEN ENTHALTEN UND IN DER ORIGINALSPRACHE GESETZT SEIN. ER MUSS KEINEN SINN

Dies ist ein Blindtext. Er gibt lediglich den Grauwert der Schrift an. Ist das wirklich so? Ist es gleichgültig, ob ich schreibe dies ist ein Blindtext oder Guaredisch nedunfeg? Feguned-mitnichten. Ein Blindtext bietet mir wichtige Informationen. An ihm messe ich die Lesbarkeit einer Schrift, ihre Anmutung, wie harmonisch die Figuren zueinander stehen und prüfe, wie breit oder schmal sie läuft. Ein Blindtext sollte möglichst viele verschiedene Buchstaben enthalten und in der Originalsprache gesetzt sein. Er muß keinen Sinn ergeben, sollte aber lesbar sein. Fremdsprachige Texte wie Lorem ipsum dienen nicht dem eigentlichen Zweck, da sie eine falsche Anmutung vermitteln. Im Deut-

Rafgenduks
Rafgenduks

Oben die zeitgleich entstandene OCR-A, eine Standardschrift, die auf dem Reißbrett entworfen wurde; unten die OCR-B, die den gleichen Zweck zum Ziel hatte. Adrian Frutiger greift jedoch als Schriftkünstler auf die durch Lesegewohnheiten organisch »gewachsenen« Formen zurück.

Rafgenduks
Rafgenduks
Rafgenduks

Am Schaubild sieht man die unterschiedlichen Außenlinien der modifizierten ursprünglichen Buchstabenform der Beowolf. Die auf ihr liegenden, programmierten Punkte werden nach dem mathematischen Zufallsprinzip angesteuert. So entsteht eine nicht wiederherstellbare Buchstabenform.

Schrift-Sippen

Das Bedürfnis, eine als Ganzes konzipierte Schrift zur Verfügung zu haben, war mit Adrian Frutigers Bauplan für die Univers noch nicht befriedigt, es erweiterte sich auf Schriften unterschiedlicher Schrift-Gruppen. Schon 1932 hatte Jan van Krimpen zu seiner Romulus-Antiqua eine »Romulus-Grotesk« entworfen. 1970 stellte Gerard Unger das Schriftpaar »Demos« und »Praxis« für den Fotosatz vor, eine Antiqua und eine Grotesk, die zur gemeinsamen Verwendung gedacht waren.

Die komplexe Konzeption verschiedener zusammengehöriger Schriften oder Schriftfamilien wurde durch die elektronischen Schriftgestaltungsprogramme der letzten Jahre erleichtert, die es unnötig machen, jeden Buchstaben jeder Schrift von Grund auf neu zu zeichnen oder gar zu schneiden, wie es die früheren Entwurfstechniken verlangt hätten.

Eckehart SchumacherGebler schlug für solche zusammengehörige Schriftfamilien den Begriff »Schrift-Sippe« vor.

Der Grund für die Entwicklung von Schrift-Sippen ist, zur Auszeichnung keine »fremden« Schriften zu benötigen. Schriftmischungen können zwar in der Hand stilsicherer Typografen großen Reiz haben, bei unsicheren Entwerfern jedoch zu peinlichen Diskrepanzen führen. Wer hingegen innerhalb einer Schrift-Sippe bleibt, kann sich abgesichert fühlen. Ein zweiter Grundgedanke für die Entwicklung von Schrift-Sippen ist, bei einem umfassenden Erscheinungsbild – etwa für einen Konzern mit mehreren, sehr unterschiedlichen Produktbereichen – Differenzierung innerhalb der Einheitlichkeit zu ermöglichen.

Ein mögliches Konzept für eine Schrift-Sippe ist die Konzeption in sich selbständiger Schriften, die aufeinander bezogen sind, d. h., daß die Proportionen der Mittel-, Ober- und Unterlängen identisch sind und ebenso die Buchstabenbreiten der verschiedenen Einzelschriften korrespondieren oder sogar gleich sind, was den nachträglichen Austausch einzelner Wörter oder Zeilen ermöglichen würde. Eine derartige Schrift-Sippe kann aus mehreren Schrift-Familien bestehen, die in sich wiederum mehr oder weniger reich ausgebaut sind.

IIII

Schrift-Sippen *sind unter anderen:
Corporate ASE, ITC Legacy, Lucida,
ITC Officina, rotis, FF Scala, ITC Stone,
FF Thesis.*

GGGG

Ein anderes Schrift-Sippen-Konzept ist der gewissermaßen fließende Übergang von einem Schriftcharakter zum anderen. Die »Eckschriften« sind eindeutig definiert, z.B. als Antiqua und als Serifenlose Linear-Antiqua. Die Zwischenglieder sind »Semi-Schriften«, etwa eine Grotesk, die bei einigen Figuren oder Figurenteilen mit Serifen versehen sind, oder eine Antiqua, bei der ein Teil der Serifen weggefallen ist. Die Hoffnung der Schriftenentwerfer ist dabei, daß sich die Vorteile der einen Eckschrift mit den Vorteilen der anderen Eckschrift addieren, z.B. die Ruhe und die druck-technische Problemlosigkeit der Serifenlosen mit der größeren Differenziertheit und besseren Lesbar-keit der Antiqua. Den Beweis, daß das bei größeren Textmengen auch funktioniert, haben diese Semi-Schriften allerdings noch nicht erbracht.

Die Idee, Schriften zu entwerfen, die zwischen zwei Schriftgruppen stehen, wurde nicht erst im Rahmen der Entwicklung von Schrift-Sippen erfunden. So tragen die Buchstaben der »Chambord«, 1945–1951 von Roger Excoffon herausgebracht, vor allem in den Versalien alle Züge einer Antiqua, nur fehlen die Serifen. Hermann Zapf mit seiner »Optima« (1958) oder Mendoza y Almeida mit der »Pascal« (1960) haben dieses Prinzip noch veredelt. Die Zwischen-lage derartiger Schriften wird auch darin deutlich, daß verschiedene Klassifikatoren sie verschiedenen Schriftgruppen zuordnen.

austauschbar
austauschbar
austauschbar
austauschbar

Ein wichtiges Kriterium bei der Entscheidung für eine Schrift-Sippe ist die gleiche Lauf-weite aller Familien. Sie garantiert leichte Handhabung, gerade wenn in letzter Minute noch einmal alles umgeworfen wird.

ITC Stone *Sumner Stone 1987*

Die Besonderheit der Stone bildet die dritte Familie, die Stone Informal. Diese sehr rundliche Schrift ist für Texte mit persönlicher Note, z.B. Briefe, gedacht. Die Französische Renaissance-Antiqua und die Serifenlose aus dem gleichen Geist sind gut lesbar und vielseitig bewährt.

Rafgenduks
Stone Serif

Rafgenduks
Stone Sans

Rafgenduks
Stone Informal

Lucida *Charles Bigelow, Chris Holmes 1985*

Eine zweigliedrige Schriftsippe, die dazu angelegt ist, auch unter ungünstigen technischen Bedingungen, wie beim Fax oder einem geringauflösender Drucker, nicht verfälscht zu werden.

Rafgenduks
Lucida Sans

Rafgenduks
Lucida Serif

Corporate ASE *Kurt Weidemann 1990*

Die Hausschrift des Daimler-Benz-Konzerns darf mittlerweile auch anderweitig verwendet werden (allerdings nicht für ähnliche Produkte). Die Corporate-Schriften laufen sehr schmal und bieten sich deshalb für Werke mit viel Text bei wenig Platz an. Alle drei Familien sind sehr gut ausgebaut und haben Kapitälchen, das ist besonders bei Serifenbetonten noch eine Seltenheit.

Rafgenduks
Corporate A

Rafgenduks
Corporate S

Rafgenduks
Corporate E

ITC Officina *E. Spiekermann, J. van Rossum, E. van Blokland 1991*

Vorläufer der Meta (siehe Serifenlose Linear-Antiqua), entwickelt als eine Schrift zwischen Schreibmaschine und modernem Design. Es gibt sie jeweils nur in zwei Fetten (Book und Bold) plus den dazugehörigen Kursiven. Einige Jahre lang war sie äußerst beliebt, dann hat ihr die Meta als Trendschrift den Rang abgelaufen.

Rafgenduks
Officina Sans

Rafgenduks
Officina Serif

rotis *Otl Aicher 1988*

An der rotis scheiden sich die Geister. Für die einen ist sie <u>die</u> Schrift der neunziger Jahre; die anderen halten sie für eine Kopfgeburt, die in bezug auf Lesbarkeit nicht hält, was versprochen wurde. Für Mengentexte nur mit Einschränkungen geeignet, vor allem die Semi-Schriften sind heikel.

Rafgenduks
rotis sans serif

Rafgenduks
rotis semi sans

Rafgenduks
rotis semi serif

Rafgenduks
rotis serif

FF Thesis *Lucas de Groot 1995*

Die Thesis ist aus dem Bedürfnis nach einer ungewöhnlichen Schrift entstanden. Der daraus resultierenden Mix-Familie wurden dann die Serifenlose und die Serifenbetonte beigefügt. Die Thesis ist mit 144 Schnitten ungewöhnlich weit ausgebaut und verfügt neben den Kapitälchen, Mediäval-, Tabellen- und Bruchzahlen über eine Vielfalt an Sonderzeichen. (vgl. Seite 11)

Rafgenduks
TheSans

Rafgenduks
TheMix

Rafgenduks
TheSerif

FF Scala *Martin Majoor 1991*

Ähnlich wie die Officina besteht die Scala aus einer – zuerst erschienenen – Serifenbetonten mit dem Ursprung in der Renaissance (wie die »Joanna«) und einer Serifenlosen, die direkt aus der serifenbetonten Schwester entstand. Die Serifenbetonte ist sehr gut als Textschrift zu gebrauchen, obwohl sie teilweise sehr vereinfachte oder gar unübliche Buchstabenformen hat.

Rafgenduks
Scala Serif

Rafgenduks
Scala Sans

Welche Gruppe –
welche Schrift?

Bestimmen Sie im Vergleich verschiedener Textschriften die Zugehörigkeit zu den Gruppen I bis VII. Die Gruppen VIII bis XI sind kaum vertreten, da sie als Textschriften selten verwendet werden. Wenn möglich, bestimmen Sie auch die Namen der Schriften.

Beim häufigen Umgang mit verschiedenen Schriften entwickelt sich die Fähigkeit, vom Gesamteindruck her die Schriftgruppe zu bestimmen. Versierte Schriftkenner vermögen viele Schriften beim bloßen »Drüberschauen« zu erkennen.

(Auflösung in der Innenseite des Umschlags)

Welche Gruppe –
welche Schrift –
welcher Buchstabe?

Dies ist ein Blindtext. Er gibt lediglich den Grauwert der Schrift an. Ist das wirklich so? Ist es gleichgültig, ob ich schreibe dies ist ein Blindtext oder Guaredisch nedunfeg? Feguned – mitnichten. Ein Blindtext bietet mir wichtige Informationen. An ihm messe ich die Lesbarkeit einer Schrift, ihre Anmutung, wie harmonisch die Figuren zueinander stehen und prüfe, wie breit oder schmal sie läuft. Ein Blindtext sollte mög-

Dies ist ein Blindtext. Er gibt lediglich den Grauwert der Schrift an. Ist das wirklich so? Ist es gleichgültig, ob ich schreibe dies ist ein Blindtext oder Guaredisch nedunfeg? Feguned – mitnichten. Ein Blindtext bietet mir wichtige Informationen. An ihm messe ich die Lesbarkeit einer Schrift, ihre Anmutung, wie harmonisch die Figuren zueinander stehen und prüfe, wie breit oder

Dies ist ein Blindtext. Er gibt lediglich den Grauwert der Schrift an. Ist das wirklich so? Ist es gleichgültig, ob ich schreibe dies ist ein Blindtext oder Guaredisch nedunfeg? Feguned – mitnichten. Ein Blindtext bietet mir wichtige Informationen. An ihm messe ich die Lesbarkeit einer Schrift, ihre Anmutung, wie harmonisch die Figuren zueinander stehen und prüfe, wie breit oder schmal sie läuft. Ein Blindtext sollte möglichst viele verschiedene Buchsta-

Dies ist ein Blindtext. Er gibt lediglich den Grauwert der Schrift an. Ist das wirklich so? Ist es gleichgültig, ob ich schreibe dies ist ein Blindtext oder Guaredisch nedunfeg? Feguned – mitnichten. Ein Blindtext bietet mir wichtge Informationen. An ihm messe ich die Lesbarkeit einer Schrift, ihre Anmutung, wie harmonisch die Figuren zueinander stehen und prüfe, wie breit oder schmal

Dies ist ein Blindtext. Er gibt lediglich den Grauwert der Schrift an. Ist das wirklich so? Ist es gleichgültig, ob ich schreibe dies ist ein Blindtext oder Guaredisch nedunfeg? Feguned – mitnichten. Ein Blindtext bietet mir wichtige Informationen. An ihm messe ich die Lesbarkeit einer Schrift, ihre Anmutung, wie harmonisch die Figuren zueinander stehen und prüfe, wie

Dies ist ein Blindtext. Er gibt lediglich den Grauwert der Schrift an. Ist das wirklich so? Ist es gleichgültig, ob ich schreibe dies ist ein Blindtext oder Guaredisch nedunfeg? Feguned – mitnichten. Ein Blindtext bietet mir wichtige Informationen. An ihm messe ich die Lesbarkeit einer Schrift, ihre Anmutung, wie harmonisch die Figuren zueinander stehen und prüfe, wie breit oder schmal sie

Dies ist ein Blindtext. Er gibt lediglich den Grauwert der Schrift an. Ist das wirklich so? Ist es gleichgültig, ob ich schreibe dies ist ein Blindtext oder Guaredisch nedunfeg? Feguned – mitnichten. Ein Blindtext bietet mir wichtige Informationen. An ihm messe ich die Lesbarkeit einer Schrift, ihre Anmutung, wie harmonisch die Figuren zueinander stehen und prüfe, wie breit oder schmal sie läuft. Ein Blindtext sollte mög-

Dies ist ein Blindtext. Er gibt lediglich den Grauwert der Schrift an. Ist das wirklich so? Ist es gleichgültig, ob ich schreibe dies ist ein Blindtext oder Guaredisch nedunfeg? Feguned – mitnichten. Ein Blindtext bietet mir wichtige Informationen. An ihm messe ich die Lesbarkeit einer Schrift, ihre Anmutung, wie harmonisch die Figuren zueinander stehen und prüfe, wie breit oder schmal sie

Schriften

Die in diesem Buch verwendeten Schriften stammen von folgenden Firmen:

Berthold Fototype*:
Manuskript Gotisch, Wallau.

Bitstream:
Eckmann

The Enschedé Font Foundry:
Trinité

FontShop:
(obligatorisch ist das »FF« für »FontFonts« vor dem eigentlichen Schriftnamen. Hier der Einfachheit halber ohne!)
Beowolf, Childs Play, Confidential, Craft, Delphin, Dynamo, Erikrighthand, Flightcase, Harlem, Jesus Loves You, Justlefthand, Karton, Mambo, Meta, Providence, Revolver, Scala, Schulschrift ABC, Souvenir, Stamp Gothic, Thesis, Trixie, ITC Officina.

Linotype:
Adobe Garamond, Adobe Caslon, Akzidenz Grotesk (AG), AG Buch, Alte Schwabacher, Antique Olive, Arcadia, ITC Avant Garde, Avenir, Bauer Bodoni, Baskerville Book, Bembo, ITC Berkley Old Style, Bernhard Modern, Berthold Bodoni, Berthold City, Berthold Garamond, Berthold Imago, Breughel, Bodoni Old Face, Boton, Brush Script, Candida, Cascade Script, Caslon 540, Centaur, ITC Century, Clarendon, Concorde, Copperplate, Duc De Berry, Dom Casual, Dorchester, Egyptienne F, Englische Schreibschrift, Excelsior, Fairfield, Fette Fraktur, Franklin Gothic, Friz Quadrata, Frutiger, Folio, Formata, Futura, ITC Galliard, ITC Garamond, Gill Sans, Glypha, Goudy Old Style, Guardi, Helvetica, Herculanum, Hobo, Hollander, Joanna, Kabel, Kaufmann, Künstler Script, Linotype Centennial, Linotype Didot, Lino Letter, Linoscript, Linotype Mathematische Zeichen, Linotype Sternzeichen, Linotype Stymie, Lubalin Graph, Lucida, Medici Script, Memphis, Meridien, Minion, Mistral, Modern, Neue Helvetica, Neuzeit S, News Gothic, OCR-A, OCR-B, Optima, Original Janson, Palatino, Pepita, Plantin, PMN Caecilia, Poppl-Residenz, Present, Rockwell, rotis, Sabon, Shelley Script, Snell Roundhand, Stempel Garamond, Stempel Schneidler, ITC Stone, Syntax, Tekton, Times, Trump Mediäval, Univers, Vectora, Walbaum Buch, Walbaum Standard, ITC Weidemann, Wilhelm-Klingspor-Gotisch, ITC Zapf Chancery, Zentenar Fraktur.

Mac Campus:
Times:
asiatisch, diakritisch, färoisch, griechisch, indisch, isländisch, keltisch, kyrillisch, osteuropäisch, phonetisch, sanskrit, türkisch, Trubetzkoy.

Scangraphic:
Today Sans Serif

URW++:
Corporate ASE, Nimbus Sans.

* Die hier aufgeführten Schriften wurden auf einer Berthold Workstation gesetzt. Die PostScript-Schriften der Firma Berthold werden mittlerweile von Linotype-Hell vertrieben und werden deshalb dort aufgeführt.

Literatur

o. aicher
typography
Berlin 1988

G. Barthel,
Gestalt und Ausdruck der Antiqua
Stuttgart 1970

W. Bergner
Grundlagen der Typografie
Leipzig 1990

B. Berry, J. Jaspers, J.J. Johnson
Encyclopedia of Typefaces
London 1953

Ph. Bertheau, E. Hanebutt-Benz, H. Reichardt
Buchdruckschriften des 20. Jahrhunderts
Darmstadt 1995

L. Blackwell
20th Century Type
London 1995

B. Brenner
Schrift.Setzen. Handbuch für Gestaltung
München 1993

M. Caflisch
**Die gegenseitige Beeinflussung
von Technik und Druckschrift**
Grellingen 1974

S. Carter
20th Century Type Designers
Grellingen 1974

DIN 16518
Klassifikation der Schriften
Berlin 1964

Duden
Vorschriften für den Schriftsatz
Mannheim 1980

A. Frutiger
Type Sign Symbol
Zürich 1980

A. Frutiger
Eine Typographie
Solothurn 1996

E. Geck
Das Wort der Meister
Frankfurt 1966

K. Gerstner
Kompendium für Alphabeten
Heiden/Schweiz 1994

Hochschule für bildende Künste
Bleitypen
Hamburg 1993

J. Hochuli, R. Kinross
Büchermachen: Praxis und Theorie
St. Gallen 1996

J. Hochuli
Das Detail in der Typografie
Wimington/USA 1987

A. Kapr
Schriftkunst
Dresden 1976

A. Kapr
Schrift und Buchkunst
Leipzig 1982

A. Kapr, W. Schiller
Gestalt und Funktion der Typografie
Leipzig 1977

M. Klein, E. Spiekermann,
I. Schwemer-Scheddin
Typen & Typografen
Schaffhausen 1991

H. Korger
Schrift und Schreiben
Leipzig 1991

P. Luidl
Grundsetzliches
München 1994

P. Luidl
Schriftklassifikation für den Unterricht
München o. J.

P. Luidl
Typografie
Hannover 1984

H.E. Meier
Die Schriftentwicklung
Cham/Schweiz 1994

W. Mengel
Druckschriften der Gegenwart
Stuttgart o. J.

F. Muzika
Die schöne Schrift. *(Zwei Bände)*
Prag/Hanau 1965

G. Noordzij
Haagse letters
Den Haag

R.D. Buckley
A basic guide to lettering
Folkstone 1972

A. Rahmer
Schriften
Stuttgart 1974

C. Pfeiffer-Belli, H. Baur
270 Schriften
München 1974

R. Ruegg, G. Fröhlich
Typographische Grundlagen
München 1974

G.K. Schauer
**Klassifikation –
Bemühungen um eine Ordnung
im Druckschriftenbestand**
Darmstadt 1975

E. SchuhmacherGebler
26 Letters/Lettern/Lettres
München 1989/92

G. Setola, J. Pohlen
Letterfontäne
Rormond 1996

E. Spiekermann
Studentenfutter
Nürnberg, 1991

E.D. Stiebner, W. Leonhard
Bruckmanns Handbuch der Schrift
München 1977

The best of Fine Print Magazine
Fine Print on Type
London 1989

J. Tschichold
Geschichte der Schrift in Bildern
Hamburg 1961

J. Tschichold
Meisterbuch der Schrift
Ravensburg 1965

K. Weidemann
Schrift braucht Papier
Raubling o. J.

K. Weidemann
Wo der Buchstabe das Wort führt
Stuttgart 1995